KB179043

빅지원이 들려주는
이용후생 이야기

박지원이 들려주는

이용후생 이야기

ⓒ 이종란, 2007

초판 1쇄 발행일 2007년 1월 31일
초판 12쇄 발행일 2021년 3월 8일

지은이   이종란
펴낸이   정은영
펴낸곳   (주)자음과모음

출판등록   2001년 11월 28일 제2001-000259호
주소   04047 서울시 마포구 양화로6길 49
전화   편집부 (02)324-2347 경영지원부 (02)325-6047
팩스   편집부 (02)324-2348 경영지원부 (02)2648-1311
e-mail   jamoteen@jamobook.com

ISBN 978-89-544-1966-6 (64100)

박지원이 들려주는

이용후생 이야기

이종란 지음

|주|자음과모음

책머리에

　이 책의 초고를 완성하고 곧바로 중국 여행을 다녀왔습니다. 고구려 유적지와 백두산을 답사했습니다. 박지원이 청나라로 가는 사신 일행에 끼어 호기심 가득한 눈초리로 구경하듯 틈틈이 농촌과 작은 도시 사람들의 생활을 살펴보았습니다. 그런 와중에 짬을 내서 박지원이 쓴 《열하일기》를 읽었습니다.

　《열하일기》의 내용은 박지원이 사신 일행들과 함께 겪은 일이 중심인데, 당시 조선 사람들에게 던져 주는 내용 가운데 하나는 중국의 문물을 배우자는 것이었습니다. 벽돌이나 기왓장 하나도 빠뜨리지 않고 설명하고 있습니다. 마치 지금도 벽돌과 기왓장을 거의 있는 그대로 상상할 수 있을 것 같았습니다. 버스를 타고 가는 긴 여행에서 제일 많이 본 것은 붉은 색 기와지붕과 벽돌, 그리고 옥수수 밭이었으니까요.

　당시 중국은 여진족의 후손들이 세운 청나라였는데, 조선의 선비들은 청나라를 오랑캐 나라로 여겨서 그들의 문물을 거들떠보지도 않았습니다. 그러나 청나라에 다녀온 사람들 가운데는 오히려 청나라에서 배울 것이 있다고 주장하였습니다. 이들을 북학파라고 합니다.

 북학파의 한 사람인 박지원(朴趾源: 1737~1805)은 반남 박씨로 서울 서소문 밖 야동에서 태어났습니다. 아버지를 일찍 여의고 할아버지 손에 자랐습니다. 열여섯 살 때 혼인하여 비로소 글을 배웠는데, 이때부터 분발하여 열심히 공부하였습니다. 열아홉에서 스무 살 무렵에는 벌써 글을 잘한다고 소문이 나기 시작했습니다.

 그러나 과거 시험 보기를 단념하고 세상을 비판하며 살았는데 스무 살에서 서른 살 사이에 아홉 편의 소설을 씁니다. 이후 친구를 사귀거나 세도가 홍국영의 핍박을 피해 농촌으로 가서 살기도 했습니다. 그러다가 마흔네 살 되던 1780년에 사신 일행에 끼어 청나라로 여행할 기회를 얻습니다. 거기서 듣고 보고 겪었던 일을 쓴 것이 바로 《열하일기》입니다. 《열하일기》 속에 《허생전》이나 《호질》 같은 소설이 들어 있는데, 이 《열하일기》와 아홉 편의 소설 속에서 우리는 그의 철학과 사상을 엿볼 수 있습니다.

 박지원은 쉰 살 되던 때에 겨우 벼슬을 받게 됩니다. 그 후 안의 현감, 양양 부사를 지내게 되었는데 그때 지은 농사에 관한 책이 《과농소초》입니다. 실학자로서 상공업뿐만 아니라 농업에도 관심이 있었음을 보여 주는 대목입니다. 정조 임금이 죽자 늙고 병들었다는 핑계로 벼슬을 그만두고 서울로 돌아와 4년 뒤인 1805년에 병으로 죽었습니다.

앞으로 우리가 읽을 이야기는 박지원의 《열하일기》 속에 들어 있는 소설 《허생전》에서 힌트를 얻어 현대에 맞게 다시 쓴 것입니다.

　주인공 박지훈의 아버지는 철학박사이자 대학 강사입니다. 말이 대학 강사지 경제적으로는 가난한 허생과 다름없습니다. 허생의 아내가 삯바느질로 살림을 꾸려가듯 대부분의 생활비와 살림살이는 주인공의 어머니가 해결해야 합니다. 아버지가 하는 공부라는 것이 돈을 버는 일도, 또 인기가 있어 세상 사람들에게 큰 쓸모를 주는 것이 아니기 때문입니다.

　허생이 아내의 성화에 못 이겨 공부를 포기하고 변 부자에게 큰돈을 빌려 장사를 시작합니다. 주인공의 아버지도 아내의 자존심 상하는 불평과 아들의 반항을 견디다 못해 가출을 합니다. 그리고 허생처럼 돈을 빌려 사업을 시작합니다. 그리고 큰돈을 벌어 성공합니다.

　그럼 주인공의 가족들은 이제 큰 부자가 되었으니까 남부럽지 않게 잘 살았겠지요? 그렇지만 주인공 아버지가 추구하는 철학이 무엇인지 알려면 이 책을 끝까지 읽어 보기 바랍니다.

　이 이야기는 박지원의 철학사상과 맞물려 전개됩니다. 그 중 하나가 실생활에 직접적인 도움이 안 되는 학문에 대한 보통 사람들의 오해에 대한 반작용인데요, 허생이 글 읽기를 중단하고 장사를 한다는 것은 이 점을 드러내고 있습니다. 주인공의 아버지 역시 그런 비난 가운데서 사업을 시작하였고, 그래서 학문이란 행동을 통해서 실천되지 못한다면 공리공담이 될 수밖에 없다는 불평에 굴복합니다. 학문을 일시 중단했으니까요.

그런데 허생이 많은 돈을 벌었지만 그것을 자신이 배불리 먹거나 가족들만 잘 살게 하려고 한 것은 아니듯이, 주인공의 아버지 역시 많은 사람들을 잘 살게 만드는 '후생'의 길을 택합니다. 노숙자들을 위한 마을 건설이 그것입니다.

그렇지만 허생은 어디까지나 선비입니다. 많은 돈을 벌었어도 그 자신은 예전의 생활로 되돌아갔고, 다시 장사를 하지 않았습니다. 주인공의 아버지도 사업가의 능력을 발휘하여 큰돈을 벌고 사회를 위해 좋은 일을 했지만, 그 자신은 사업가나 정치가로 나서지 않고 예전처럼 책을 읽고 글을 쓰는 학자의 길로 들어섭니다.

이것은 '이용후생(利用厚生)'과 함께 거론되는 '정덕(正德)'의 길입니다. 단지 돈만 많이 벌어 배부르게 잘먹고 잘사는 것만이 전부가 아니라는 것, 바른 덕을 쌓아서 그 덕을 지키는 것이야말로 이용후생이 나아가야 할 길임을 보여 주는 것입니다.

그럼 허생이 오늘날 살아 있다면 어떻게 행동할까요? 아마 이 이야기에 나오는 주인공인 아버지의 삶도 그 가운데 하나가 아닐까요?

2007년 1월
이종란

C O N T E N T S

프롤로그

내 이름은 박지훈. 아이들은 나를 박쥐라고 부른다. 뭐 그렇게 부르거나 말거나 난 신경 쓰지 않는다. 발상 자체가 유치하기 때문이다. 발음만 비슷하다고 별명을 갖다 붙인다면 못 붙일 게 없다. 그렇게 따지면 최빛나는 빛나리, 강지훈은 강아지, 오희지는 오이지라고 해야 하는 거 아닌가? 6학년씩이나 되어서는, 쯧쯧.

책 읽는 것과 운동하는 것이 내 취미다. 나는 내 또래 다른 아이들과 비교하면 시간이 무척 많다. 학교를 다니는 것 외에 학원을 다니거나 레슨 같은 것을 받지 않기 때문이다.

그 이유는…… 그래 뭐, 집안 형편이 넉넉하지 않은 이유도 있지만, 나 스스로도 학원에 갈 필요성을 별로 못 느끼기 때문이다. 몇몇 애들은 그런 나를 잘난 척한다고 은근히 비꼬기도 한다. 또 중학교 과정을 미리 공부하는 아이들은 초등학교 공부만 하면서 여유를 부린다고 한심하게 바라보기도 한다.

그렇지만 나라고 중학교 다닐 것에 대한 걱정을 안 하는 것은 아니다. 나도 책 읽는 것 하나만큼은 여느 중학생 수준 못지않다고 자부한다. 우리 반 대부분의 아이들은 동화책 읽는 수준을 못 벗어났지만, 난 이제 웬만큼 어려운 책, 가령 삼국지나 한국 단편 소설 같은 것들을 힘들지 않게 읽어 낸다.

내가 읽은 이야기 가운데 가장 인상 깊은 작품은 황순원의 〈소나기〉이다. 아직도 그 내용이 생생하다. 물론 알 듯 모를 듯한 내용도 좀 있지만······.

내 동생 지영이는 4학년이다. 욕심 많고 고집도 세며 성질도 사납다. 아이들이 지렁이라고 부르는 모양인데, 별명을 불렀다가 꼬집히거나 맞은 남자 아이들이 한두 명이 아니다. 그래도 여자 아이고 막내딸이라고 집에서는 피아노 학원도 보내 주고, 학교 특기적성 미술부에서 그림도 배운다.

우리 아빠는 대학 강사이다. 교수가 아니라 아직은 강사라고 한다. 공부를 하도 많이 하셔서 눈도 많이 나쁘시고 머리카락이 빠지기도 하셨다. 덕분에 철학박사가 되셨지만, 다른 아빠들처럼 돈이 많지는 않으신 것 같다. 여러 학교에서 대학생 형, 누나들을 가르치시고 벌어온 강사료와 엄마가 동네 할인마트에서 일을 해서 번 돈으로 우리 네 식구는 조금 오래된 연립주택에서 근근이 생활하고 있다. 그래도 우리 집에 남들보다 많은 것이 딱 한 가지 있다. 그것은 바로 책이다. 거실이고 안방이고 웬만한 작은 도서관 못지않게 책이 넘쳐난다.

남들은 우리 아빠가 고리타분한 글만 알고 현실을 너무 모르는 꽁생원이라고 하지만, 그래도 아빠는 그런 생활에 만족하시는 것 같다. 우리 아빠는 오로지 공부에만 몰두하신다. 가끔 우리가 잘못을 저지르면 반남 박씨 조상들의 명예를 더럽히지 말라고 야단을 치시기도 한다.

반남 박씨 조상이 누구냐고? 조선시대 말 개화운동의 선구자요 우의정이라는 벼슬까지 지낸 박규수 할아버지와 정조 때 실학자인 박지원 할아버지가 바로 우리 조상님이시다. 우리 조상님들에 대해서는 사회 시간에 실학이니 개화니 하는 것을 배워서 웬만큼 알고 있기도 하지만, 그보다 아빠에게서 어깨너머로 주워들은 것이 더 많다.

우리 엄마는 다른 엄마들처럼 공부하라고 소리를 지르거나, 논다고 야단치는 일이 거의 없다. 나와 내 동생이 책을 한두 시간 쉬지 않고 읽을 때면 제발 쉬면서 쉬엄쉬엄 읽으라고 하신다. 가끔은 밖에 나가 놀고, 친구를 많이 사귀라는 말도 빠뜨리지 않는다.

엄마는 대학을 졸업하자마자 아빠와 결혼을 하셨다고 한다. 아빠는 대학교를 졸업한 후에도 공부만 하셨기 때문에 엄마가 아빠의 뒷바라지를 다 하셨다.

넉넉하지는 않지만 그럭저럭 살아온 우리 가족에게 큰 변화가 일어난 것은 순전히 내 탓이다. 사춘기에 접어들었는지 내가 아빠에게 반항하기 시작하면서 일은 시작되었다.

내가 그런 반항심을 가지게 된 이유가 무엇인지는 불확실하다. 책을 통하여 더 많은 것을 알게 되어서 그런지, 아니면 다른 친구들의 아빠와 비교를 하다 보니 그런지 딱 잘라 말할 수는 없다.

내가 좋아하는 우리 반 친구 태영이는 부잣집 막내딸이다. 아빠가 사업을 하기 때문에 공장도 몇 개나 가지고 있고 큰 집에 살고 있다. 그렇지만 잘 산다고 뻐기거나 공주처럼 행동하지 않는 태영이가 좋다. 사실 태영이는 공주라기보다는 터프하기가 보통 남자 애들 저리 가라다.

가끔 태영이네 집에 놀러 가면 태영이네 아빠가 반갑게 맞아주시곤 하는데 아저씨는 친절하고 아는 것도 많다. 책을 많이 읽으신 것 같기도 하고, 여행을 많이 해서 그런 것 같기도 하다. 우리 집은 여행이래야 고작 아빠의 시골 고향에 있는 친척 집에 다녀오는 것이 전부인데. 아무튼 태영이 아빠와 비교하면 우리 아빠가 너무 작아 보인다.

이러니 내가 아빠한테 비판적인 것이 어쩌면 당연한지도 모른다. 그러나 어쨌건 내가 엄청난 일을 저지른 건 사실이었다. 음, 그게 무슨 일이었냐면…….

학문의 길

 재물로 말미암아 얼굴이 변하는 것은 당신들 도둑들이지, 도(道)를 좇아 사는 사람은 재물에 따라 얼굴빛이 달라지지 않는다.

—박지원

1 자랑스런 반남 박씨

학교 공부가 끝나고 집으로 돌아오는 길. 날씨는 여전히 내 마음처럼 뜨겁다. 집에 가서 시원한 수박이라도 잘라 먹어야지. 괘씸한 녀석들 같으니라고, 내가 잘난 척 대마왕이라고? 지들은 발표도 제대로 못하면서 말이다.

오늘 사회 시간에 시원하게 발표 잘한다고 선생님께 칭찬을 받았다. 그런데 아이들은 잘난 척 대마왕 또 나선다고 야유를 보냈다. 솔직히 내가 발표를 잘하는 게 아니라 다른 애들이 발표를 못하는 거다. 아니 안 하는지도 모른다. 늘 학원에 가서 문제나 풀고, 시간 나면 컴퓨터 게임이나 하는 녀석들이 발표 준비를 제대로 할 것이라 기대하는 게 잘못이다. 고작해야 성의를 보인다는 것이 인터넷 사이트 내용을 그대로 출력해 오는 정도니 말 다 했지.

집에 돌아오자마자 냉장고 문을 열었다. 기대와는 달리 냉장고 속은 텅 비어 있었다.

"어라, 벌써 누가 해치웠네. 야, 박지영! 네가 수박 다 먹었지?"

"조금밖에 없었어."

"그렇다고 너 혼자 다 먹으면 어떡하니? 네 입만 입이냐!"

"조금밖에 안 남았다고 했잖아! 혼자 먹기도 모자랄 판에…….
그러면 오빠가 나보다 더 일찍 들어오면 되잖아!"

"이 욕심쟁이 먹깨비, 혼자만 아는 이기주의자!"

"나보고 이기주의자라고? 그럼 오빠는? 잘난 척 대마왕아!"

"이게 어디?"

나는 홧김에 동생의 머리에 꿀밤을 한 대 먹였다. 동생은 울음을 터트리며 문을 쾅 닫고 방으로 들어가 버렸다. 마침 강의 준비를 하고 계시던 아빠가 우리들 싸우는 소리를 듣고 방 밖으로 나오셨다.

"지훈이, 지영이 둘 다 이리 오너라."

아빠의 말씀에 우리 둘은 죄인마냥 고개를 푹 숙이고 아빠 앞에 섰다. 이윽고 아빠의 장황한 훈계가 시작되었다.

"지훈이 너, 동생을 아끼고 사랑하라고 가르쳤건만, 싸우면 되겠느냐? 그리고 지영이는 형제끼리 콩 한 알이라도 나누어 먹어야 한다고 했는데, 오빠도 기다리지 않고 혼자 먹으면 되겠느냐? 조상님들에게 부끄러운 줄 알아라. 그런 일로 다투는 것은 금수나 하는 짓이다. 둘이 싸운 죄로 지훈이는 집안 청소를 하고, 지영이는 설거지를 한다. 알겠느냐?"

어휴, 그 잘난 수박 때문에 꼼짝없이 집안 청소를 하게 되었다. 아빠는 걸핏하면 집안 아니면 조상님 타령이다. 사람이 먹고사는 것도 중요하지만 사람답게 살아야 한다고 늘 말씀하신다. 사람의 반대는 금수다. 금수는 짐승이다. 오늘은 '사람답게 살아야 한다'는 말이 안 나와서 다행이다. 하긴 동생을 사랑하고 형제끼리 콩 한 알이라도 나누어 먹는 것이 사람다운 행동이겠지만.

아빠가 늘 자랑스럽게 여기시는 우리 집안은 반남 박씨 가문이다. 박씨 성을 가진 학교 친구들에게 물어보면 대부분이 밀양 박씨이고 반남 박씨는 들어 보지도 못했다고 비웃는다. 그러나 아빠는 박씨의 종류가 매우 많고, 밀양 박씨 다음으로 반남 박씨의 수가 많다고 하셨다. 그보다 우리 역사에서 반남 박씨 조상 가운데 중요한 역할을 한 분들이 계셨기 때문에 가문의 영광이라고 말씀하곤 하셨다.

그런 아빠의 말씀에 별 생각 없던 내가 비로소 조상에 대하여 관심을 갖게 된 것이 바로 6학년 1학기 사회 시간이었다.

"자, 우리 역사에서 근대화의 싹을 틔운 실학에 대해 공부를 해 보았는데요, 이제 다음 시간에는 모둠별로 실학자들을 조사해 와서 발표를 하도록 하겠어요. 단, 인터넷 자료 퍼오는 것 금지! 몇 사람만 조사하고 나머지는 묻어가는 것도 금지!"

선생님의 이야기에 반 아이들 모두 웃음을 터뜨렸다.

"야! 조명식, 너는 왜 웃냐? 다 네 얘기잖아, 짜식아. 하하하."

언제나 반의 분위기 메이커인 태영이의 말에 반 아이들 모두가 다시 배꼽을 잡았다. 정말 그렇다. 태영이나 선생님의 말씀대로 조사 학습을 한다고 하면 우리 모둠의 아이들은 인터넷 자료를 그냥 출력해서 나한테 휙 던져 주고는 학원으로 쏜살같이 가 버린다. 내가 학원에 다니지 않는다고 과제물을 정리하고 발표하는 것은 항상 내 차지인 것이다.

다행히 항상 내 곁에서 도와주는 사람은 태영이다. 태영이는 학원에 많이 다니지 않는다. 우리 집처럼 형편이 넉넉하지 못해서가 아니라 자기가 좋아하는 일만 잘하면 된다고 아빠가 항상 말씀하신다고 한다. 그래서 태영이는 태권도와 합기도 외에 영어, 수학은 따로 배우지 않는다. 그래도 공부는 제법 하는 걸 보면 머리가 나쁜 아이는 아닌 것 같다. 왜 그렇게 운동에 집착하는지는 잘 모르겠지만 말이다. 어쨌거나 공동 과제가 있을 때면 대부분 우리 둘이서 해결한다.

아이들은 그런 우리들을 보고 '알나리깔나리' 하고 약을 올리기도 한다. 그러면 나는 큰 소리로 말한다.

"야, 둘 다 반남 박씨야!"

이렇게 말해도 아이들은 그게 무슨 뜻인지 모른다. 동성동본끼리는 결혼을 안 한다는 것이 우리나라 관습인 것을 말이다. 무식한 놈들. 그럴 때면 씩씩한 태영이가 한심하다는 듯 아이들에게 이야기한다.

"쯧쯧, 이 무식한 후손들을 남겨 두고 너희 조상님들이 눈이나

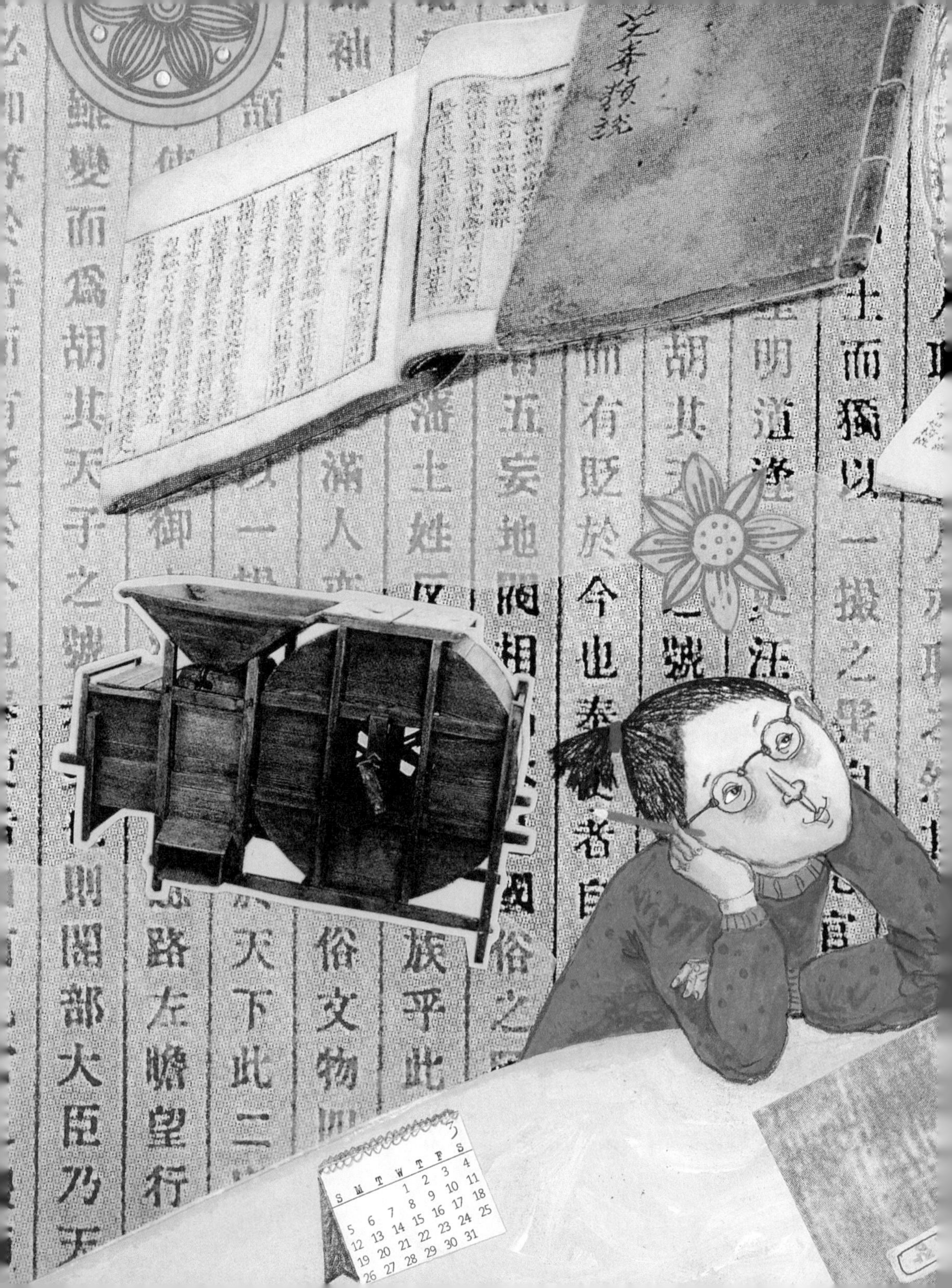

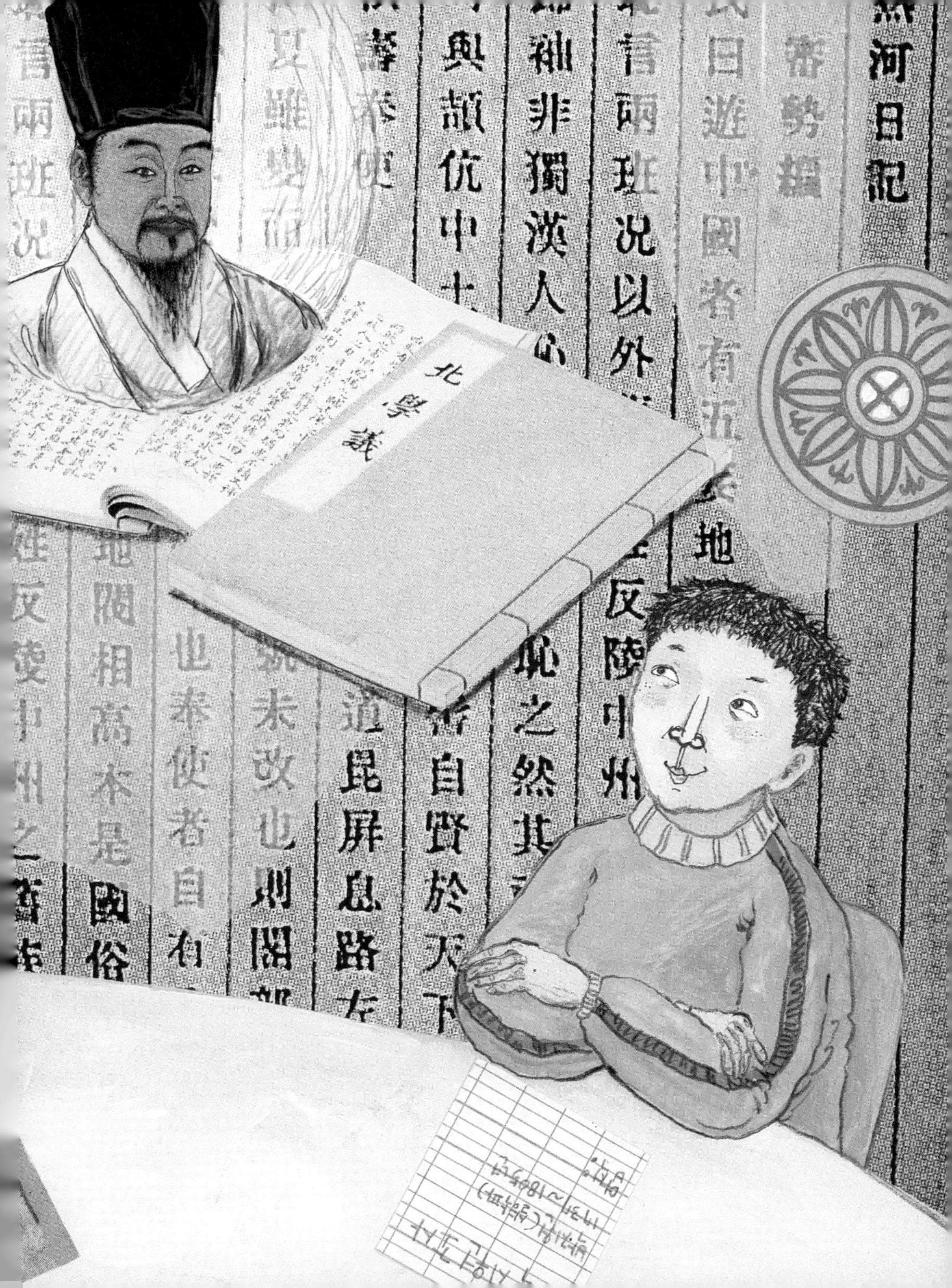
北學議
熱河日記

제대로 감으셨는지 모르겠다! 으이그, 쯧쯧쯧."

어째든 박지원이 반남 박씨였다는 것을 계기로 태영이도 반남 박씨라는 것을 알게 되었고, 태영이 아빠도 우리가 먼 일가 아저씨뻘 된다고 하여 자주 놀러 오게 하였다. 더욱이 놀란 것은 실학자 박지원이 우리 조상이라는 사실이었다. 박지원 할아버지는 북학파 실학자이면서도 문학가다. 청나라 사람들이 각종 기구나 물건을 이용하여 실생활에 편리하게 사용하는 것과 사신 행차에 있었던 일들을 《열하일기》에 남겼다고 한다. 그래서 박지원 할아버지는 짧은 기간 동안이나마 벼슬을 하면서 백성들의 문제점을 해결하려고 힘쓰셨고, 불합리한 사회를 개혁하고 나라의 정책을 바로잡으려고 노력하셨다고 한다.

이런 것들은 아빠가 언젠가 말씀하셨겠지만, 내가 귀담아 듣지 않았을 것이고, 이제야 그 분의 진가를 알아보게 된 것이다. 태영이와 나는 두 집을 오가며, 특히 아빠의 도움을 받아 발표 준비를 척척 진행하였다. 우리가 준비한 실학자가 바로 반남 박씨 연암 박지원이었기 때문이다.

다른 아이들은 〈대동여지도〉를 만든 김정호를 조사하거나 수원 화성을 건축하고 《목민심서》를 지은 정약용, 또 과학에 관심을 가진 홍대용과 최한기를 조사한다고 큰 소리로 떠들더니 이제는 어떻게 진행되고 있는지 알 길이 없었다.

우리가 준비한 과제를 조금 귀띔해 주자면, 조선시대 말에 미국 군대가 쳐들어온 것을 신미양요라 하는데, 이 신미양요의 원인이 되는 미국 상선 제너럴셔먼호를 대동강에서 불태운 사건이 있었다. 이때 이것을 지휘한 사람이 당시 평안 감사로 있던 박규수 할아버지였다. 박규수 할아버지는 박지원 할아버지의 손자이다.

나중에 박규수 할아버지는 우의정까지 벼슬이 올랐고, 관직에서 물러난 뒤로는 젊은이들을 교육하여 개화 사상가로 키웠다. 우리가 교과서를 읽고 익히 알고 있는 개화 운동가인 김옥균, 홍영식, 서재필, 유길준 등도 모두 박규수 할아버지의 사랑방을 드나들며 당시 서양의 사정을 익힌 사람들이다.

그러니까 박규수 할아버지와 박지원 할아버지는 두 분 다 선진 문물을 받아들이자고 적극 주장했고, 박지원 할아버지는 실학파, 그 중에서도 북학파의 한 사람이요, 박규수 할아버지는 개화운동의 선구자라는 것이다. 그리고 두 분 다 교과서에 나오는 유명인(?)이시고. 아! 그리고 자랑스러운 반남 박씨라는 것도!

2 쓸모 있는 공부

드디어 과제를 발표하는 날이 왔다. 아침부터 교실이 온통 소란스럽다. 늘 그렇듯이 서로 미루고 안 하다가, 발표 당일 날 아침에 준비하느라 시끄러운 모습이다.

평소에는 영어니 수학이니 논술이니 하여 여러 학원에 다니느라 학교 공부에 관심조차 없는 애들인데, 이제 와서 소란을 떠는 건 선생님께서 발표 내용과 태도를 보고 수행 평가에 반영한다고 하셨기 때문이다. 점수라면 사족을 못 쓰는 애들이니 별 수 없이 이제라도 발표에 매달릴 수밖에. 간혹 점수에 불만이 많아 선생님께 따지는 애들도 있으니 이번에도 그러지 말란 법이 없다.

드디어 사회 시간, 선생님께서 '근대화'에 대해 말씀을 해 주셨는데 이해가 안 가 질문을 했다. 역시나 이번에도 몇몇 아이들은 내가 괜한 질문을 해서 시간을 끈다고 짜증스런 눈빛을 보냈다.

"쟤네 아빠 대학에서 강의한대. 그래서 아빠가 아마 자료 조사하는 것도 다 해 줬을 거야. 쳇, 다 아빠 덕분이지 뭐. 근데 대학에서 강의해도 돈을 많이 버는 건 아니래, 우리 엄마가 그랬어. 공부만 많이 하면 뭐하나? 돈을 많이 벌어야지. 히히히."

나를 가장 싫어하는 영빈이 녀석이 내가 뻔히 들릴 걸 알면서 내 뒤에서 소곤거렸다. 한두 번 들은 얘기도 아닌지라 새삼스레 기분 나쁘지는 않았지만 그래도 저 자식을 한번은 손봐 줘야겠다는 생각이다.

'지금은 똑똑한 내가 참는다. 무식한 너는 내 질문에 대한 대답이나 듣고 좀 배워라!'

"그래, 근대라는 말이 좀 어렵지? '근대'라는 말은 '고대'나 '중세'와 같이 시대를 구분하는 말이야. 근대는 현대와 같은 말이라고 볼 수 있어요. 신분과 남녀의 차별을 없애고, 인간을 종교적 억

압에서 해방하며, 사람들이 미신에서 벗어난 합리적인 생활을 하고, 자연에 대한 과학적 탐구를 통해 사람들에게 물질적 풍요를 가져다주는 것이 바로 근대화예요. 그러니까 조선시대에는 새롭게 등장한 학문인 실학이 그러한 근대화를 가져올 수 있는 싹이었던 셈이죠."

이렇게 말씀해 주시니 실학을 공부하는 것이 왜 중요한지 금방 와 닿았다. 영빈이를 비롯한 몇몇 아이들은 잘 이해했는지 알 길이 없지만, 하품을 하거나 귓속말로 소곤거리는 것을 보니 별로 흥미가 없는 것 같다. 그러면서 논술 공부를 따로 하는 것이 우습다.

드디어 첫 번째 모둠 대표로 명식이가 발표를 하였다. 아이들이 출력해 준 인터넷 자료를 뒷줄에 앉아 있는 아이들에게는 전혀 들리지 않게 줄줄 읽었다. 정약용을 발표했는데 '경학' 이니 '경세학' 이니 '1표2서' 등의 알아듣기도 어려운 말이 튀어나왔는데도 아무도 그 뜻을 질문하지 않았다.

물론 질문해도 답을 못 하리라는 것을 알고는 있었지만. 그렇다면 그냥 넘어갈 수 없지. 내가 또 질문을 했다.

"정약용이 경학의 깊은 수준에 도달했다 했는데 경학이 어떤 학문입니까? 그리고 1표2서는 무슨 뜻입니까?"

"……."

명식이는 질문에 대해 답하지 못하고 머뭇거렸다. 내가 얼마나 미울까.

'그러니까 제대로 하란 말이다, 제대로!'

그 뒤 다른 몇 모둠의 발표가 있고 나서, 드디어 우리 모둠의 차례가 되었다.

먼저 발표 내용을 간단히 요약한 발표문을 복사해 와서 돌렸다. 아이들이 발표 내용을 대충 듣고 잊어버리기 때문에 그렇게 한 것이다. 실은 우리 아빠가 논문 발표할 때 발표문을 미리 나누어 준다고 해서 배운 것이다.

발표는 내가 맡았다.

"박지원의 소설을 보면 당시 양반들의 모습을 풍자하는 내용을 많이 볼 수 있습니다. 백성들은 헐벗고 굶주리는데 양반들은 놀고 먹으면서 덕이 있는 체 위신만 찾거나 권세나 명예를 탐하고, 백성들의 생활에 눈을 돌리지 않았습니다. 또 대다수 선비들도 도덕이나 예법만 찾았지 백성들의 실제 생활에 필요한 일에 힘쓰지 않았습니다.

박지원은 우선 물건을 이롭게 사용해야 백성들의 생활이 넉넉해질 것이고 생활이 넉넉해야 도덕적인 나라가 된다고 보았습니다. 그래서 상업이나 수공업 및 교통을 발달시켜야 한다고 보았고, 이웃 청나라의 발달한 문물도 배워야 한다고 생각했습니다. 청나라는 비록 병자호란 때 우리나라를 침략한 원수의 나라지만, 그 원수를 갚기 위해서라도 그들에게서 배워야 한다고 했습니다. 또 뛰어난 기술이 있다면 오랑캐 나라에서라도 배워야 한다고 생각했습니다."

발표가 여기에 이르자 칭찬인지 야유인지 아이들의 '우우' 하는 소리가 간간이 들렸다. 태영이는 눈을 찡긋하며 오른쪽 엄지손가락을 치켜세워 주었다.

그때 느닷없이 먼저 발표한 명식이가 기다렸다는 듯이 질문을 했다.

"박지원의 소설을 읽어 보았습니까? 읽었다면 어떤 소설이 있습니까?"

이건 질문이라기보다 자기가 발표할 때 내가 질문한 것에 대한 일종의 보복이다.

"발표가 다 끝나면 질문을 해 주십시오. 그렇지만 이번 것은 답변하고 넘어가겠습니다."

발표 도중에 질문을 하다니 매너도 모르는 자식이다. 어쨌건 태영이를 바라보고 머리를 끄덕하니 태영이가 일어서서 대답을 하였다. 발표는 내가하고 질문에 대한 답은 태영이가 하기로 약속했기 때문이다.

"네, 우선 《양반전》을 비롯하여 《허생전》, 《마장전》, 《예덕선생전》, 《광문자전》, 《양반전》, 《호질》, 《민옹전》, 《김신선전》, 《우상전》, 《열녀함양박씨전》 등이 있습니다."

태영이가 이렇게 자신 있게 대답하자 아이들은 모두 '우와!' 하고 소리를 질렀다. 질문을 했던 명식이의 얼굴이 빨개지더니 다시 질문을 하였다.

"그러면 그 소설을 다 읽어 보았습니까?"

평소에 당한 일이 많은 명식이는 항상 이런 식으로 직격탄을 날리려고 기회만 엿본다.

"아닙니다. 다 읽어 보지 못했습니다. 다른 사람이 소개한 글만 읽었습니다. 앞으로 기회가 오면 다 읽어 볼 작정입니다."

내가 이렇게 대답하자 고개를 끄덕이는 아이들도 있고, '역시나 그렇지' 하고 낄낄대는 아이들도 있었다. 다른 질문을 기다렸으나 없어서, 발표를 마저 끝내고 다른 모둠의 발표로 넘어 갔다.

학교 공부를 마치고 돌아오면서 실학에 대해 생각해 보았다. 우리가 공부를 하는 이유가 실생활과 관계가 없다면, 우리의 공부는 박지원이 소설에서 말하듯 과거를 보기 위한 것이거나 실생활에 도움이 안 되는 공리공담만 찾고, 위세나 허세를 부리기 위한 것이 아닌가?

하지만 오늘날은 박지원이 살았던 시대와는 너무나 다르다. 기술과 교통이 발달하고 물자를 대량으로 생산하여 사람들이 물건을 너무나 잘 이용하고 있다. 양반들도 없다. 이제는 놀고먹는 사람들 가운데 자기들이 지키지 못하는 도덕을 남에게 강요하는 사람도 없다. 그렇다면 이런 종류의 실학은 더 이상 우리에게 아무런 의미도 없는 것 아닌가? 현대에는 실생활에 도움이 안 되는 공부는 없으니까 말이다.

아니다. 실생활에 도움이 안 되는 공부를 하는 사람도 있다. 바로 우리 아빠다.

언젠가 엄마가 밤늦게 일하고 돌아오셨는데, 아빠와 우리는 저녁밥도 못 먹고 각자의 일에 몰두해 있었다. 엄마는 화가 머리끝까지 나셨고, 결국 아빠와 다투셨다. 두 분의 목소리가 점차 높아지더니 엄마가 대뜸 이렇게 쏘아붙였다.

"당신 공부는 아무 쓸모가 없어요. 돈을 제대로 벌어 오는 것도 아니고, 그렇다고 교수가 되어 월급을 꼬박꼬박 갖다 주는 것도 아니고. 박사 학위까지 받은 양반이 사는 것이 형편없으니, 당신의 학문은 당신만 좋겠다고 하는 거지 뭐예요."

"내가 돈을 많이 못 벌어 오니 그런 소리를 하는 모양인데, 내가 하는 학문을 욕되게 하지 마시오. 학문에는 돈이 되는 것만 있는 것은 아니니까."

아빠는 이렇게 힘없이 말씀하셨다. 그러자 엄마도 지지 않고 말씀하셨다.

"당신이 하는 학문을 무시하는 것이 아니라, 당신이 하는 학문을 실생활에 도움이 되도록 그 방법을 연구하라 이 말이에요. 실생활에 도움이 안 되는 학문을 누가 알아준답디까?"

"그럼 내가 누가 알아주기를 바라서 공부를 한단 말이오?"

"그럼 그것도 아니고, 돈 버는 것도 아니고 도대체 공부는 왜 하는 거예요? 당신 혼자 만족을 위해서? 그럼 우리는 뭐예요?"

두 분의 말다툼이 여기까지 이르자, 나는 더 이상 듣기 싫어 집을 나와 버렸다. 공원 벤치에 우두커니 앉아 멀리 바라다 보이는 아파트의 불빛만 쳐다보았다.

저기 사는 사람들은 이런 문제 때문에 다투지는 않겠지. 정말 우리 아빠가 하는 학문이 공리공담만 일삼고 실생활에 도움이 안 되는 그런 것일까? 아빠가 다른 아빠들처럼 돈을 많이 벌지 못하는 것은 사실이지만, 그렇다고 돈을 전혀 안 벌어 오시는 것은 아니다. 그러나 그것으로는 살림에 큰 보탬이 안 된다. 그래서 엄마가 직장에 나가시는 것이다.

아빠는 왜 다른 사람들처럼 돈이 되는 학문을 하지 않으실까? 아니면 공부하신 학문으로 돈을 벌려는 마음이 없으실까? 학문을 이용해 돈을 번다는 것이 천박한 장사꾼의 짓이라고 여기실까? 그것도 아니라면 죽으나 사나 교수 자리만 참고 기다리는 것일까? 도무지 알 수 없다. 아빠의 마음을.

3 돈이 되는 공부?

올 여름은 정말 덥다. 어른들 말로는 몇 십 년 만의 무더위라고 한다. 더위는 밤낮을 가리지 않는다. 정신을 차리고 책이라도 읽을 수 있는 때는 겨우 아침나절의 두세 시간뿐이다. 다른 집에는 에어컨이라도 있지만, 우리 집엔 그런 것도 없다. 이럴 땐 해외여행은 못 가더라도 시원한 물가에서 몸이 새까맣게 타도록 퐁당거리며 노는 것이 딱 좋은데 말이다. 정말 돈 많은 집이 부럽다.

아빠도 방학 중이라 집에 계시고, 엄마도 며칠간 휴가라 집에 계신다. 네 식구가 하루 종일 집에만 있으려니 더 덥고 답답하다. 나와 동생은 어디 시원한 데로 피서라도 가자고 졸랐지만, 엄마는 우리 형편에 피서는 무슨 피서냐고 하면서 동네 뒷산의 나무 그늘이 더 시원하다고 하신다. 아빠는 그러거나 말거나 오로지 책만 보신다. 그래서 엄마와 나, 동생 셋이서 자주 그 산에 오른다.

이왕 뒷산 얘기가 나왔으니 하는 말인데, 큰 도시에서 이처럼 집 가까이 산을 끼고 있는 곳은 흔치 않다. 산의 이름은 우장산. 산을 빙 돌아가면서 산책로가 있고, 양쪽 모두 정상에 올라가려면 마치 달팽이 껍질처럼 빙 돌아 올라가야 한다. 길은 시멘트로 포장되어 있고, 길가에 쉴 수 있는 벤치도 있다. 길섶에는 야생화도 있고, 운이 좋다면 밤이나 도토리 외에 개암나무 열매와 다람쥐, 꿩, 족제비도 볼 수 있다.

어쨌든 이 우장산 덕에 요즘 우리 동네는 브랜드 가치가 높다. 사실 그게 무슨 말인지 정확히는 모르지만, 길가에 뿌려지는 아파트 분양 전단지에 하나같이 써 있는 말이다. 이곳의 고급아파트 이름에 모두 우장산을 붙이고, 새로 짓는 빌라나 아파트도 우장산과 가까운 거리에 있다고 선전하는 것을 보니, 꽤 가치가 있는 산이긴 한 모양이다.

여기가 바로 우리 가족의 유일한 피서지다. 각자 책 한 권씩 들고 물통만 챙기면 준비 끝이다. 시원한 나무 그늘 아래서 매미 소리 들으며 글을 읽을 때는 그 누구도 부럽지 않다. 피서 철이 되면 많은 사람들이 도시를 빠져나가기 때문에 낮 동안에는 이 산을 온통 우리 같은 사람들이 차지한다. 돈 없는 우리 가족에게는 안성맞춤이다.

그런데 문제는 밤이다. 열대야 현상 때문에 도저히 잠을 잘 수가 없다. 우리 집은 소형 연립주택의 서쪽 가장자리에 있기 때문에 오후부터 밤이 되면 난롯가같이 덥다. 수돗물을 틀면 더운물이 나온다. 게다가 저녁밥을 짓기 위해 가스 불까지 켜면 집 안은 완전 찜통이다.

그래도 아빠는 끄떡없이 책만 보신다. 가끔 티셔츠에 물을 적셔 꾹 비틀어 짠 다음 그냥 입으시고 하시던 일을 계속한다. 더운 바람이 나오더라도 애꿎은 선풍기만 밤새 돌린다.

이쯤 되면 불쾌지수가 최고조에 다다르고, 서로 조심하는 것이 상책이다.

"야아!"

"얘가 정말 왜 이래? 몇 번을 이야기하는데 자꾸 틀리니! 다른 생각하지 말고 집중을 해야지!"

내 동생 지영이는 책은 많이 읽어서 국어 공부는 잘하는데, 수학은 종종 실수를 한다. 엄마는 아빠더러 시간을 좀 내서 지영이에게 수학을 가르쳐 달라고 부탁했지만, 아빠는 때가 되면 다 알게 된다고 내버려 두라고 하신다. 자신도 어렸을 때 그랬다고 하시면서.

그러나 그것이 엄마에게 통할 리 없다. 찜통 같은 더위 속에서도 아빠 들으란 듯이 지영이 수학 공부를 기어코 시키신다. 엄마는 차분하게 가르치시다가도 가끔씩 지영이가 틀렸던 부분을 반복해 또 틀리면 참지 못하고 꿀밤을 한 대 때리신다. 그러면 지영이는 억울한 듯 눈물을 찔끔찔끔 흘린다. 이것도 다 더위 때문이고, 불쾌지수 때문이다.

그때까지만 해도 잠자코 책만 보시던 아빠께서 드디어 폭발하셨다.

"에잇, 씨!"

문을 쾅 닫고 나가 버리신다. 이내 아래쪽을 내려다보면 아파트 벤치에 앉아 평소에 피우지도 않던 담배를 꺼내 물고 계신 아빠가 보인다.

아빠의 이런 행동을 보시고 엄마라고 가만히 있을 리 없다. 아빠가 나가시는 뒤에 직격탄을 한 방 날리신다.

"집에 돈이라도 넉넉해서 학원에 보내면 이런 일은 없을 것 아니에요? 제가 지영이 공부 좀 시켜 달라고 할 때는 들은 척도 않던 양반이."

아무리 정당하고 중요한 일이라도 말을 전달하는 데는 때와 장소가 있는 법이다. 굳이 더워 죽겠는데 동생이 공부를 못한다고 짜증내며 가르치시는 일은 명백히 아빠에 대한 시위 행동이다. 엄마는 엄마 나름대로 답답함과 섭섭함이 있으시겠지만, 저렇게 나가서 담배를 피우는 아빠의 모습은 어쨌거나 보기가 안 좋다.

아빠가 엄마와 다툴 때 가장 많이 듣는 말은 '자기가 좋아하는 일만 한다' 라든가, '학문하는 사람들은 이기적이다' 라는 말이다. 이런 말을 들으면 아빠는 거의 이성을 잃는다. 얼굴이 창백해지면서 이내 밖으로 나가신다. 그러고는 담배를 피우거나 산책을 가신다.

언젠가 아빠와 함께 산책을 하는데 내게 이런 말씀을 하셨다.

"지훈아, 내가 책과 논문을 쓸 수 있었던 것은 다 이 우장산이 도운 덕이다. 이 우장산을 산책하면서 생각을 정리하고 논리를 발견

했어. 아빠의 책과 논문은 이 우장산이 써 준 셈이지."

아빠는 지금도 우장산에 계실 것이다. 다른 아빠들은 부부싸움을 하면 술집에서 술을 드신다는데, 우리 아빠는 이렇게 산책을 하는 일이 많다. 그러면서 무엇을 생각하실까?

다른 아빠들처럼 가족에게 잘 해 주지 못한 데 대하여 미안하다는 생각? 아니면 잘 해 주고 싶어도 돈이 없으니까 그 때문에 괴로워하실까? 왜 돈이 되는 학문은 안 하셨을까? 돈 되는 학문이란 천박한 것이라고 생각하실까? 어쨌든 알 수 없다. 아빠가 무슨 생각을 하시는지 말이다.

4 아빠의 결심

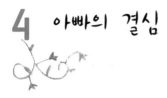

　오늘은 날씨가 너무 더워서 책 읽기도 힘들다. 숨이 턱턱 막힌다. 엄마와 지영이는 아예 우장산으로 피서를 갔다. 그래도 아빠는 아랑곳하지 않고 책만 보신다.

　따분해서 컴퓨터를 켰다. 우선 이메일부터 확인해 보았다. 딱히 누구한테 편지가 올 것이라고 기대한 것은 아니지만, 역시나 아무 편지도 오지 않았다. 혹시 태영이한테서 오지 않았을까 마음속으로 기대했는데, 태영이도 바쁜 모양이다. 편지가 없는 걸 보면.

다음에는 우리 반 홈페이지에 들어가 보았다. 방학 전에는 왁자지껄하던 홈페이지가 너무 조용하다. 하긴 평소에도 아이들은 어쩔 수 없이 숙제나 공지사항을 보기 위해 들어가긴 해도 반 홈페이지에는 잘 안 들어간다. 거기에는 채팅 기능이 없기 때문이다.

아이들은 지금쯤 시원한 에어컨 바람이 나오는 학원에서 공부를 하고 있을 것이다. 아니면 가족과 함께 멀리 피서를 떠났을지도 모른다. 방학 전부터 우리 반 애들 몇 명은 아예 먼 외국으로 여행을 갈 것이라 떠들었고, 또 몇 명은 영어 연수를 위해 떠난다고 자랑도 했다. 나머지 애들은 국내 영어 마을이든 어디든 가서 신나게 지낼 것이다. 나는 그야말로 '동남아'에다 '방콕'이다. '동남아'는 동네에만 남아 있다는 뜻이고, '방콕'은 방 안에만 콕 쳐박혀 있다는 뜻이다.

간만에 아이들이 요즘 즐겨한다는 게임이나 해볼까 하는 생각이 들었다. 우리 집 컴퓨터는 성능이 그다지 좋지 않기 때문에 용량을 많이 차지하는 게임이 깔려 있지 않다. 할 수 없이 인터넷으로 검색을 하여 게임을 올려 놓은 커뮤니타나 블로그 안에서 찾을 수밖에 없다.

찾아보니 그리 복잡하지 않고 용량도 별로 차지하지 않는 그런 게임이 더러 있었다. 그래서 여기저기 찾아다니면서 신나게 게임을 하고 있는데, 갑자기 아빠의 화난 목소리가 들렸다.

"지훈이 너, 뭐하는 짓이냐? 공부가 하기 싫으면 잠을 자든지 산에 나가 산책을 하든지 하지, 게임이나 하면서 노닥거리고!"

"아빠, 제가 뭐 매일 게임만 했나요? 다른 애들과 비교하면 전 하는 것도 아니에요!"

'아뿔싸!'

어른이 뭐라고 하면 짧게 '네' 또는 '다시는 안 그러겠습니다'라고 말하는 것이 사태를 빨리 진정시키는 일임을 익히 알고 있건만, 오늘은 날씨 탓인지 이렇게 퉁명스러운 말이 나오고 말았다.

"아니, 이 녀석이 어디서 말대꾸야?"

아빠의 목소리는 아까보다 더 커졌다.

"아빠가 다른 집들처럼 에어컨도 사 놓고, 피서도 갈 수 있게 해 주셨으면 이런 유치한 게임하라고 해도 안 해요!"

'이런, 박지훈 너 미쳤구나.'

이번에도 나는 말을 내뱉음과 동시에 아차 싶었지만 이미 말은 입을 떠난 후였다.

"뭐라고? 이 녀석이!"

주먹을 불끈 쥔 아빠의 손이 부르르 떨렸다. 평소에 아무리 화가 나도 절대로 때리는 일이 없는 아빠지만, 오늘만은 분명 무슨 일이 날 것 같았다.

'그렇다. 이럴 땐 일단 후퇴하는 것이 상책이다.'

"아빠, 죄송해요. 날씨가 더워서 집에만 있으려니 답답해서 게임을 한 거예요. 다시는 말대꾸하지 않을게요, 용서해 주세요."

내가 이렇게 말하자, 아빠의 목소리도 조금 낮아졌다.

"그래 소리를 질러서 미안하다. 다 아빠 탓이다. 어떻게 해서든 피서라도 갔으면 이런 일이 없었을 텐데……. 요즘 우리 지훈이랑 얘기 나눠 본 지도 오래되었구나. 불만이 있으면 솔직히 말해 보렴. 내가 무능한 아빠라서 불만이 많지?"

'조심하자, 박지훈, 이럴 때 섣불리 말하면 안 된다.'

어른들이 언제나 솔직히 말하라고 해서 말하고 나면 뭔가가 항상 찜찜하다. 내 경험에 따르면 솔직해서 좋은 점도 있지만, 어른들을 섭섭하게 하면 결국은 좋을 게 없다. 당장은 잘했다고 말하실 테지만, 언젠가 그것이 나에게 돌아오는 부메랑이 될 수 있다. 어른들은 정말 알 수 없다. 어떤 사람들인지. 그러니까 잘 생각해서 대답해야 한다.

"아무 불만 없어요."

그렇지, 이게 가장 현명한 답이다.

"네 나이 또래면 이것저것에 불만이 있게 마련이지. 솔직히 이야기 해 보렴."

'그래. 이번에는 조금 정직하게 말하자.'

"솔직히 말씀드리면 아빠가 공부하시는 것은 좋지만, 아빠가 하시는 공부가 맘에 안 들어요. 공부란 어차피 생활에 도움이 되고자 하는 것이라 배웠는데, 제가 보기에는……."

이렇게 말하자 아빠는 의외로 침착하고 차분하게 말씀하셨다. 그러나 적지 않은 충격을 받으셨을 것이다. 아빠가 가장 가슴 아파하는 곳의 뇌관을 건드렸기 때문이다.

"무슨 말인지 알겠다. 학문이 실생활에 도움이 되어야 한다는 말은 나도 인정한다. 그런데 그 도움이란 게 꼭 돈을 벌거나 물건을 생산하는 것만은 아니다. 가령 사람이 어떻게 하면 바르게 사느냐 하는 문제에 도움이 되는 것은 돈을 버는 것 이상으로 중요하다. 요즘처럼 바쁜 세상에 도덕적으로 흔들리지 않고 사는 것이 얼마나 중요한지 아니?"

나는 마침 사회 시간에 공부한 내용이 생각나서 이렇게 말했다.

"도덕이 중요한 것은 저도 알아요. 그렇지만 물질적 생활은 돌아보지 않고 도덕만 외치다 보면, 결국 공리공담만 일삼게 되잖아요? 결국 지키기도 어려운 행동만 강조하게 될 것이고."

'오, 박지훈!'

스스로에게 놀랐다. 이런 말을 할 수 있는 건 순전히 독서 덕택이다. 그러나 아버지는 얼굴빛 하나 변하지 않고 다시 차분하게 말씀을 이으셨다.

"네가 학교에서 실학을 배웠나 보구나. 그런데 도덕을 강조한다고 해서 반드시 공리공담이라고 생각해서는 안 된다. 물론 과거 우리 역사에서 도덕 원리의 근거를 찾는 데만 집착하다 보니, 그런 비판이 나오긴 했지만 말이다. 나는 오늘날에도 우리 시대의 상황에 맞게 바르게 사는 것은 중요하다고 생각한다.

환경 문제나 자원 문제, 인종 차별, 비정규직 문제, 빈부 갈등 등을 제대로 알아야 바른 도덕적 판단을 내릴 수 있거든. 많은 사람들은 영향력 있는 신문이나 여론의 판단을 그대로 따르긴 하지만, 언제나 대다수 여론의 판단이 옳은 것은 아니기 때문에 스스로 공부할 수밖에 없지."

"그렇지만 도덕에만 매달린다면 사람들이 일할 틈이 없잖아요? 아주 하찮은 일이라도 실생활에 도움이 된다면 해야 하지 않아요? 북학(北學)이란 말처럼 오랑캐 나라의 일이라도 실생활에 도움이 된다면 배워야 하듯이 말이에요."

아! 내가 언제부터 이렇게 당당해졌나? 잘난 척하는 버릇이 또 고개를 쳐들고 말았다. 그리고 나는 아주 커다란 실수를 저지르고 말았다. 아는 것을 실천하지 못하는 사람은 우유부단한 셰익스피어의 《햄릿》 같은 인간이라고 말했던 것이다! 세상에! 솔직히 《햄릿》은 아직 제대로 읽어 본 적도 없다.

그러나 역시 우리 아빠는 장군에 멍군이다.

"음, 네가 그렇게 말하니 내 처지에 꼭 맞는 말이구나. 내가 고상한 철학만 하고 실생활에 도움이 되는 공부를 다른 사람에게 배워서라도 하지 않는 것을 빗대서 하는 말이겠지?"

이 정도면 아빠의 자존심에 크게 금이 간 것이다. 나의 의도적 반항을 아빠가 모를 리 없다. 평소 엄마 말대로 나는 지금 '삐딱선'을 타고 있다.

그래도 나는 조심스런 줄타기를 하고 있다. 보통 소리를 지르며 어른께 대드는 반항은 한 수, 아니 여러 수 아래다. 그래 봐야 어른께 야단맞거나 몇 대 얻어맞기 십상이다.

"아니에요, 아빠. 자기가 모르는 것은 남에게 배워야 한다는 뜻으로 말한 것뿐이에요."

지극히 옳은 말이다. 그러나 이 말이 나온 상황이 보통 때와 다르다. 아빠도 남에게 배워서라도 돈을 벌어야 한다고 들릴 수도 있다.

그런데 뒤이은 아빠의 대답은 서글프다 못해 깊은 체념처럼 들렸다.

"이 녀석아, 그렇게 변명하지 않아도 다 알아들었다. 북학을 해야 한다고 했지? 북학이라……."

'북학'이라는 말이 아빠에게는 매우 거북할지도 모른다. 화려한 장교 계급장을 떼고 졸병으로 새로 나서라는 뜻일 수도 있다.

아빠와 한참 동안 이야기하는데 우장산에 산책을 갔던 엄마와 지영이가 돌아왔다.

"어휴, 지겹다. 그만들 하세요. 그렇게 떠들면 밥이 나와요? 돈이 나와요? 그렇게 할 일이 없으면 아르바이트라도 하세요. 수영이네는 어제까지 뉴질랜드에서 시원하게 휴가를 보내고 왔답디

다. 우리도 돈만 모으지 말고 젊었을 때 여행도 다니고, 애들 어학
연수도 보내고 그러라네요. 으이그, 지겨워, 지겨워."

엄마는 산에서 또 수다쟁이 수영이네 엄마를 만난 모양이다. 엄
마의 기분을 알 리가 없는 아빠는 아까처럼 화난 목소리로 말씀하
셨다.

"뭐요? 아르바이트? 그럼 나보고 학교 강사 일은 그만두고 무조
건 돈이나 많이 벌어 오라 이 말이요?"

그러자 엄마는 얼굴빛 하나 변하지 않고 말씀하셨다.

"아까 도덕이 어쩌고 하시던데, 도덕도, 생활의 여유도 돈이 있
어야 생기는 법입니다. 쥐뿔도 없는데 아무리 도덕을 말해 봤자,
누가 듣기라도 한답니까? 자기 혼자만 좋아서 떠드는 것뿐이지.
솔직히 말하지만 당신 하는 일이 어디 가족들 생각이나 하고 하는
거예요? 순전히 자기만족을 위한 이기적인……."

아! 왜 이러실까? 방금 전까지 나 때문에 자존심 상해 가며 이야
기한 아빠에게 이번에는 엄마가 회생 불능의 치명타를 날린다.
'자기만족', '이기적'…….

'오 마이 갓!'

아빠는 한숨을 지으며 알 듯 모를 듯한 말씀만 하셨다.

"아깝다. 내가 십 년을 공부하기로 작정했는데, 이제 겨우 칠 년
이라."

"……?"

"……?"

실학

  실학(實學)이란 17세기 중기에서 19세기 초반까지 조선에서 이어졌던 학풍 또는 사조를 일컫습니다. '실학' 이라는 말은 '허학(虛學)', 곧 '알맹이 없는 학문' 에 대한 반대의 뜻으로 실생활에 관련된 학문을 말합니다.

  그 내용을 살펴보면 조선의 역사, 경제, 지리, 문화, 군사, 언어, 풍속에 대한 연구를 비롯하여 정치, 경제, 군사, 민생 문제에 대한 개혁을 주장하였습니다. 또 청나라나 서양에서 들어온 새로운 과학 기술이나 문물에 대해 연구하고 소개한 학문입니다. 실제적인 개혁안은 토지 제도, 상공업 분야, 과거 제도, 신분 제도, 과학 기술 분야 등 여러 방면에 걸쳐 있습니다.

  이러한 연구 목적은 나라를 부강하게 하여 잘사는 나라를 만드는 데 있었지만, 더 나아가 동아시아의 주변 나라에 대하여 조선의 자주적인 생각을 반영한 활동이라 하겠습니다.

  실학에 종사한 사람들은 대개 정치에서 물러났거나 현실 정치에 참

여하지 못한 사람이 대부분인데, 이들은 주로 몰락한 양반과 양반 출신 서자들이었습니다. 다시 말해 당시 정치적으로나 사회적으로 불우한 처지에 있던 사람들이라고 생각할 수 있습니다.

실학의 배경과 북학

실학이 조선에서 발생한 원인은 몇 가지가 있습니다.

먼저 임진왜란과 병자호란을 들 수 있습니다. 두 전란으로 말미암아 나라 경제가 바닥나고 백성들의 살림살이는 더욱 빈궁해졌습니다. 그런데도 지배층인 양반 관료들은 정권을 잡기 위하여 민생은 돌보지 않고 정치 싸움에만 몰두했습니다. 당시의 주도적인 사상은 성리학인데, 전쟁은 성리학적 신분 질서나 가치를 여지없이 무너뜨리고 말았습니다. 그래서 성리학적 이념을 예학으로 발전시켜 새로운 질서를 회복하고자 하였으나, 그것마저 지배층 내부의 투쟁으로 변질되고 말았습니다. 이러한 풍토 속에서 실학이 나왔습니다.

다음으로 서학의 영향입니다. 청나라의 문물과 청나라에서 들어온 서양 과학과 기술을 접한 후, 사람들의 눈은 새로운 것에 이끌렸습니다. 청나라는 병자호란을 일으킨 원수의 나라지만, 그들의 발전된 문물까지 배척해서는 안 된다고 생각했던 것입니다. 그래서 중국이나 조선이 세계의 중심이 아니라, 많은 나라 가운데 하나라는 생각을 하

였고, 외국의 것도 우수하면 언제든지 배워야 한다고 여겼습니다.

　또 중국에서 새롭게 일어난 유학인 양명학의 영향도 무시할 수 없습니다. 양명학은 '인간의 마음이 천리'라 보기 때문에 양명학의 분파인 양명좌파에서는 인간이 먹고 입는 것 등의 자연적인 문제를 천리로 보는 경향이 있습니다.

　북학(北學)은 청나라의 문물을 배우자는 뜻에서 붙인 이름입니다. 원래 이 말은 사서오경(四書五經)의 하나인 《맹자》라는 책에 나옵니다. 이 말은 중국 남쪽 초나라의 진량이라는 사람이 공자와 주공을 배우기 위하여 북으로 유학 와서 배운다는 말에서 유래하였습니다. 다시 말해 미개한 종족이 중국의 선진 문화의 위대성을 인정하고 그와 같은 문명한 나라가 되겠다는 뜻을 포함합니다.

　그러니까 조선의 실학파가 북학이라는 말을 쓰는 이유는 청나라가 병자호란을 일으켜 조선에 쳐들어온 원수지만, 그들의 문물을 실용에 보탬이 되도록 배워야 한다는 것입니다. 박지원은 원수를 갚기 위해서라도 그곳에 유학을 가 배워야 한다고 생각했습니다.

　실학의 여러 학파 가운데서 바로 이런 주장을 한 사람들을 한데 묶어 일컫는 말이 바로 '북학파(北學派)'란 말이고, 박제가의 《북학의(北學義)》라는 책에 이 말이 처음 쓰이고 있습니다.

2

이용후생

 공부를 하는 목적은 공부를 잘한다고 이름을 날리기 위한 것이 아니라
사람들의 생활을 편리하게 하는 데 있다.

—박지원

1 아빠의 사업

아빠와 엄마는 다투시는 일이 거의 없다. 하지만 한번 다투면 오래간다. 서로 말씀도 안 하시고 침묵으로 일관하신다. 그러면 우리는 두 분의 눈치만 보며 어떻게 해서든지 화해시켜 보려고 계속 장난도 치고 조잘대며 말을 붙여 본다. 그러면 두 분의 다툼은 대부분 흐지부지 끝나고 만다.

그러나 이번에는 조금 다르다. 다툼이 있던 그 다음날 아침 아빠가 아무 말 없이 집을 나가셨기 때문이다. 우리는 평소처럼 도서

관에 공부하러 가신 줄로만 알았고, 그날 저녁이 되어도 돌아오시
지 않자 친구 분들을 만나 늦으시겠지 하고 생각했다.

그러나 다음날, 또 그 다음날도 아빠는 돌아오시지 않았다. 우리
는 불안해지기 시작했다. 뉴스에 교통사고를 당한 사람의 모습이
나오면 혹시나 아빠가 아닐까 다들 귀를 쫑긋, 눈을 동그랗게 뜨
고 뉴스를 보았다.

아빠의 친구 분들에게도 전화를 해 보았지만, 아빠의 행방을 아
시는 분은 아무도 없었다. 가까운 경찰서마다 찾아다녔지만, 역시
아빠의 소식은 영영 알 길이 없었다.

그렇다고 포기할 우리가 아니었다. 한동안은 서울역이나 영등포
역, 그리고 지하철 역사를 찾아다녔다. 그럴 리야 없겠지만 혹시
아빠가 노숙자 생활을 하고 계실까 싶어서였다. 그러나 이 역시
헛수고였다. 웬 노숙자가 그리도 많은지…… 그렇다고 전국 모든
역과 지하철 역사를 다 찾아다닐 수는 없는 노릇이다.

결국 경찰서에 가서 가출 신고를 했더니 형사 아저씨는 강 건너
불구경하듯 대수롭지 않게 말씀하셨다.

"아주머니, 너무 걱정 마세요. 성인 남자잖아요? 이런 일로 찾아
오는 사람들이 한둘인 줄 아십니까? 집 나간 어른들 많아요. 집에

가서 가만히 계시면, 바깥양반이 제 발로 들어오실 겁니다."

'그래, 어쩌면 형사 아저씨의 말이 맞을지도 모른다. 이제 결론은 하나다. 다투시던 날 밤 아빠께서 하신 이상한 말씀이 마음에 걸린다.'

'아깝다. 내가 십 년을 공부하기로 작정했는데, 이제 겨우 칠 년이라.'

이 말을 단서로 생각해 보니, 분명 아빠는 어디로 붙잡혀 간 것도, 사고가 난 것도, 노숙자가 된 것도 아니고, 스스로 숨으신 것이다. 그렇게 좋아하시던 공부를 포기하고 돈을 벌기 위해서 공사장에서 일을 하시든지, 아니면 선원이 되어 고기잡이 배를 탔을지도 모를 일이다.

그런데 예전에 《허생전》을 읽었을 때 허생이 한 말 가운데 비슷한 대목이 있었다. 허생은 십 년 계획으로 남산골에서 공부를 하고 있었는데 아내가 생활고를 견디지 못하고 허생에게 불평을 털어놓았다. 아내가 하도 불평을 털어놓기에 허생은 하던 공부를 중단하면서 '아깝다. 내가 당초 글 읽기로 십 년을 기약했는데, 이제 칠 년인걸……' 이라고 말을 하며 집을 나갔다. 왠지 그 대사랑 비슷한 것 같기도 하다.

어쨌든 아빠는 무엇이든지 한번 한다고 마음먹으면 기어코 하시는 분이니까. 우리 아빠는 아무도 못 말린다. 하시는 일이 아무리 힘들고 어려워도 끝까지 노력하여 이루신다. 더위도 추위도 아빠의 인내심 앞에서는 아무 소용이 없다. 굳이 공부만 그런 것은 아니다. 운동이나 다른 일도 마찬가지다.

친척들이나 고향 사람들이 돈 못 벌고 무능하다고 멸시해도 별 관심을 보이지 않으시고, 만나면 돈 좀 벌었다고 뻐기는 학교 동창들 모임도 아예 참석을 안 하시고 만다.

그러나 그런 아빠도 자주 가는 모임이 몇 개 있다. 아빠와 같이 학문을 하는 사람들의 모임인 학회나 세미나에는 앞장서서 참석하신다. 지금도 어떤 세미나 팀의 팀장도 맡고 계신다. 십 몇 년 동안이나 계속된 이 모임에서는 유쾌하게 말씀하시고 큰 소리로 웃으시기도 한다.

아빠는 이 모임에서만은 자신의 속마음을 조금 드러낼 뿐이다. 다른 사람들과 대화하실 때는 주로 듣기만 하고 본인의 의견을 주장하거나 말하지 않는다. 남들이 볼 때 꽁생원 같고, 무능해 보이는 것도 어쩌면 당연할지 모른다.

생각이 여기에 미치자 그동안 우리가 살림이 쪼들린다는 이유로 아빠에게 함부로 말했던 것들이 하나둘씩 생각났다. 아빠의 학문을 공리공담이라고 했던 것, 남이 알아주지도 않는 학문을 한다든지, 자기 자신의 만족만을 위해 하는 이기적인 공부라고 쏘아붙인 엄마의 말이 송곳같이 뾰족한 가시가 되어 되돌아온다.

나는 나대로 또 어땠나? 겨우 학교에서 좀 배운 것을 가지고 아빠한테 대들지 않았나? 잘난 척하고 싶은 마음에 아빠를 궁지에 몰아넣지 않았는지 후회된다. 아빠가 때리거나 야단치지는 않을 것이라고 미리 짐작한 선에서 슬슬 약을 올렸을지도 모른다.

아무리 대한민국이 민주국가라 해도 부모와 자식, 스승과 제자, 어른과 아이, 남녀와 친구 사이에는 나름대로 지켜야 할 예의가 있는 것인데. 나답지 못하게 유치했다.

얼마의 시간이 지나고 아빠의 책상에는 먼지만 쌓여 간다. 주인 잃은 책들은 흉물스럽게 나뒹굴거나 책꽂이에 어지럽게 꽂혀 있다. 아빠는 원래 책 정리를 잘하신다. 책을 종류별로 잘 나누어 책꽂이에 끼워 둔다. 그런데 논문이나 글을 쓸 때는 다르다. 책을 참고해서 글을 쓰다 보면 여기저기서 책을 뽑고 살피느라 책상 주변에 책이 가득하다.

어쨌거나 주인 잃은 책들을 보니 더 처량해 보인다. 보다 못한 내가 정리를 시작했다. 평소 같으면 아빠의 허락 없이 책이나 물건에 손을 대면 날벼락이 떨어진다. 한번은 아빠가 안 계실 때 엄마가 지저분하다고 책들을 정리하는 바람에 연구하기 위해 펼쳐 놓았던 책들이 뒤죽박죽이 되었고, 그 뒤 무슨 일이 있었는지는 물어보나마나다.

그러나 이제 그럴 일은 없다. 정리해도 탓할 사람이 없기 때문이다. 엄마는 이제 거기까지 신경 쓸 겨를이 없다. 대부분의 집안일은 나와 지영이가 해야 한다. 동네 대형마트에서 아르바이트로 버는 돈은 우리 살림살이에 턱없이 부족하기 때문이다. 그래서 엄마는 집에서 멀리 떨어진 식당에서 일하신다. 오전에 나가셔서 밤늦게 돌아오신다.

한편 아빠는?

그날 아침 집에서 나와 공원을 배회하면서 시간을 보내다가 같은 대학 같은 과 선배의 사무실로 찾아갔다고 한다. 평소에 모임을 통해 잘 아는 분이시다.

이 분은 졸업을 하자마자 바로 회사에 취직을 하였고, 얼마 뒤 독립하여 사업을 해서 크게 성공하셨다 한다. 한때 아빠한테도 학문을 그만두고 자기 회사에 와서 같이 일하자고 권한 적이 있었다고 한다.

"아니 이게 누구신가? 박 박사 웬일인가? 여기까지 다 찾아오고."

"제가 찾아온 것은 다름이 아니라……."

"알아, 다 알아. 학회에 후원금 내라고 왔지? 후원금 얘기는 이따 하고, 우선 나가서 점심이나 먹지 그래?"

"선배님, 그게 아니라. 사실 제가 사업을 시작해 보려고 찾아왔습니다."

"세상에! 웬일이여? 우리 박 박사가 이제야 철들었네. 사업이라고 잉? 하하!"

"제가 당초에 십 년 동안 공부를 해 보면 무슨 결판이 날 것 같아 시작했는데, 사정이 생겨 사업을 해야 할 것 같습니다. 그런데 사업을 하려니까 자금도 경험도 없고……."

"자네 지금 농담하는 건 아니겠지? 제수씨랑 싸워서 괜히 울컥하는 기분에 이러는 거 아니지?"

"아닙니다. 정말 뜻한 바가 있습니다. 이제껏 공리공담만 일삼았으니 이제는 돈 버는 일도 해야지요. 그래야 처자식 먹여 살리고,

또 사회에 좋은 일도 하고……."

"아! 참 대단한 결심을 했네 그려. 무슨 말인지 알겠네. 그럼 내가 어떻게 해 주면 되겠나?"

"네, 염치없지만 자금을 좀 빌릴까 해서 왔습니다."

"그래, 구체적 계획은 있는가?"

"네, 우선은 정보화 시대이니 인터넷과 컴퓨터를 공부하고, 그다음에는 인터넷으로 물건을 사고파는 일을 중개하고 싶습니다."

"하하하!"

"왜 웃으십니까?"

"이제야 도덕군자인 자네가 입으로만 떠들던 진정한 북학을 하려는 것을 보니 재미있군. 인터넷이니 컴퓨터 따위 별거 아니라고 얕잡아 보던 것이 엊그제인데."

"사정이 그렇게 되었습니다."

"아무 염려 말게. 자네의 탁월한 머리를 믿고 필요한 자금을 빌려 줌세. 틀림없이 성공할 거야. 사업의 동반자가 생겨서 나는 무척 기쁘다네. 내 도움이 필요하면 언제든지 연락하고."

"그런데 한 가지 부탁이 있습니다. 이 사실을 비밀로 해 주셨으면 합니다. 특히 저희 가족들에게는 제 행방도 알려서는 안 됩니다."

"그렇게까지 할 필요가 있는가? 아무튼 좋네. 자네의 뜻이 정 그렇다면 할 수 없지."

　아저씨는 아빠의 성격을 잘 아시기 때문에 더 이상 묻지 않았다고 한다. 그래, 학교는 공부만 하는 곳은 아닌 것 같다. 평생의 큰 스승이 될 수 있는 선생님을 만나기도 하고, 친구와 선후배를 사귀는 곳이기도 하니 말이다.

2 정보가 돈이다

허생은 집을 나간 후에 거리에 서로 알 만한 사람이 없었다. 바로 운종가(雲從街)로 나가서 누가 서울에서 가장 부자냐고 시중의 사람을 붙들고 물었다. 그중 변씨(卞氏)를 말해 주는 이가 있어서, 허생이 곧 변씨의 집을 찾아가서 만 냥을 꿔 달라고 말했다. 그런데 변씨는 아무 의심도 하지 않고 만 냥을 내주었다. 허생은 고맙다는 인사도 안 하고 나가서 장사를 했다.

그런데 우리 아빠도 아저씨께 빌린 돈으로 열심히 학원을 다니며 홈페이지 만드는 법, 정보 처리법 등에 대해 공부를 하셨다고 한다.

그러고 나서는 무공해 농산물을 소비자들에게 소개하는 인터넷 사업을 시작하셨다. 먼저 전국에 있는 무공해 유기농 농법을 이용하는 농민들을 조사했다. 이들과 연락만 잘 한다면 택배를 이용해 얼마든지 물건을 사고팔 수 있다는 확신이 섰고, 농산물의 생산지, 종류와 양, 수확 시기 및 가격을 자세히 조사하여 컴퓨터에 저장하였다.

이 같은 사업을 한다니까 농민들은 가만히 앉아서 제때에 물건을 팔 수 있으니 좋고, 도시의 소비자들은 좋은 물건을 믿고 살 수 있어서 좋아했다.

박지원도 농업에 관심이 많아 《과농소초》라는 책을 썼다. 그리고 상공업에도 더욱 깊은 관심을 보였는데, 그러니까 농업과 상업을 모두 중시했다.

아빠도 박지원의 후예가 아니랄까 봐, 도시의 소비자들에게 광고 전단지도 직접 만들어 뿌리셨단다. 아빠는 평소 이런 일을 무척 부끄럽게 생각했다. 길거리에서 무엇을 나누어 준다든가 남 앞에서 부탁을 하는 것은 체질에 안 맞다나. 어떻게 사람이 이렇게 변할 수 있을까? 모든 게 마음먹기 나름인가?

어쨌거나 아빠의 예상은 적중했다. 처음엔 하루에 한두 사람 정도 접속해서 물건을 신청했는데 점점 접속수가 많아졌다고 한다. 갈수록 주문량이 늘어나 일손이 모자라서 직원까지 채용할 정도가 되셨다고 했다.

나중에 아빠는 농민들의 농산물을 소비자에게 소개하여 수수료를 받는 것보다는 직접 그것을 사서 팔기로 하였고 대형 창고를 지어 그 창고에 냉장 시설을 갖추고 중요한 농산물을 값이 쌀 때 대량으로 사서 보관했다고 한다. 다음 해의 기상 정보와 생산량을 미리 예측해 창고에 보관할 물건의 양을 조절하였다. 예상은 적중해서 시간이 지나 그 물건이 더 이상 생산되지 않자 가격이 오르기 시작했다고 한다.

국내에서 생산되는 유기농 농산물은 제철이 지나자 더 이상 시중에는 없고 아빠의 창고에만 있었다. 아빠는 이것을 한꺼번에 팔지 않고 조금씩만 팔았다. 없어서 못 팔고 부르는 게 값이었단다. 이렇게 해서 아빠는 큰돈을 벌었다.

그렇지만 나중에 아빠는 이때의 이야기를 들려주며 조금은 부끄러워하셨다. 왜 그랬냐고?

작은 규모로 농산물을 값이 쌀 때 사 두었다가 비쌀 때 되파는 것은 문제가 안 된다고 한다. 예전에도 마늘이나 고추, 참깨가 귀했을 때 상인들이 그렇게 했다고 하니까. 그러나 대규모로 특정한 농산물을 몽땅 사 모았다가 물건이 귀할 때 값을 부풀려 돈을 버는 방법은 여러 사람들에게 피해가 돌아가기 때문에 오래 해서는 안 된다는 것이다. 아빠는 이제 다른 사업에 착수했다.

이번에는 열대 과일 수입 사업. 열대 과일하면 주로 바나나나 파인애플을 생각한다. 그런데 요즘 잦은 해외여행으로 텔레비전 등에서 앞 다투어 여행지를 소개하면서 열대 과일을 먹는 장면이 하루에도 몇 번씩 나온다. 사람들은 적어도 한 번쯤 열대 과일이 어떤 맛인가 하고 호기심 어린 눈으로 쳐다보았을 것이다. 특히 젊은 사람들에게 인기가 높아서 처음엔 망고나 리치, 파파야 등을 수입하다가 이어서 용안(longan), 두리안, 망고스틴, 람부탄, 아보카도, 심지어 코코넛이나 야자열매까지도 들여왔다고 한다. 이런 과일들은 외국 여행을 한 사람들이나 젊은이들이 주로 사 먹는다고 한다.

나도 언젠가 영화에서 주인공이 무인도에 표류하여 물이 없어 헤매다가, 야자열매를 칼로 잘라 물을 마시는 장면을 본 적이 있다. 야자열매가 내 앞에 있다면 칼로 잘라 그 안에 물이 들었는지 확인해 보고 싶고, 또 마셔 보고 싶다. 다른 사람들도 나처럼 이런 종류의 호기심 때문에 열대 과일을 찾는지 모른다.

그러나 이런 농산물은 한 곳에서만 재배되는 것이 아니기 때문에 독점적으로 들여올 수 없고, 시간이 가면 다른 수입 업체와 경쟁하는 것을 피할 수 없어서 그리 오랫동안 할 사업은 아니라고 한다.

이제 아빠는 엄청난 돈을 벌었다. 장사, 고상한 말로 유통업을 통하여 굴뚝 하나 세우지 않고 돈을 번 것이다. 노동자들과 임금 협상이다 근무 조건 개선이다 하여 싸울 필요도 없었다고 한다.

그런데도 아빠는 집에 소식을 전혀 알리지 않았다. 엄마는 여전히 마트에 일하러 다니고 우리도 어렵게 학교를 다니고 있었는데 말이다!

3 《허생전》을 읽다 ①

"내가 집이 가난해서 무얼 좀 해 보려고 하니, 만 냥을 꾸어 주시기 바랍니다."

"그러시오."

변씨는 당장 만 냥을 내주었다. 허생은 감사하다는 인사도 없이 가 버렸다. 변씨 집의 자제와 손들이 허생을 보니 거지였다. 실띠의 술이 빠져 너덜너덜하고, 갖신의 뒤 굽이 자빠졌으며, 쭈그러진 갓에 허름한 도포를 걸치고, 코에서 맑은 콧물이 흘렀다. 허생이 나가자, 모두들 어리둥절해서 물었다.

"저이를 아시나요?"

"모르지."

"아니, 평생 누군지도 알지 못하는 사람에게 만 냥을 그냥 내던져 버리고 성명도 묻지 않으시다니, 대체 무슨 영문인가요?"

변씨가 말하는 것이었다.

"이건 너희들이 알 바 아니다. 대체로 남에게 무엇을 빌리러 오는 사람은 으레 자기 뜻을 대단히 선전하고, 신용을 자랑하면서도 비굴한 빛이 얼굴에 나타나고, 말을 중언부언하게 마련이다. 그런데 저 객은 형색은 허술하지만, 말이 간단하고, 눈을 오만하게 뜨며, 얼굴에 부끄러운 기색이 없는 것으로 보아, 재물이 없어도 스스로 만족할 수 있는 사람이다. 그 사람이 해 보겠다는 일이 작은 일이 아닐 것이매, 나 또한 그를 시험해 보려는 것이다. 안 주면 모르되, 이왕 만 냥을 주는 바에 성명은 물어 무엇 하겠느냐?"

"하하하! 미정이, 지훈이, 명식이가 마치 연극하듯이 《허생전》을 잘 읽었어. 다들 재미있었죠?"

"네!!"

아이들은 과장되게 휘파람을 불고 책상을 치며 선생님의 질문에
대답했다. 지난번 모둠 발표 시간 이후 선생님께서는 아이들에게
《허생전》을 읽혀야겠다고 생각하셨단다. 그래서 오늘 국어 시간
에 반 아이들이 몇 명씩 짝을 지어 마치 연극하듯이 《허생전》을
나누어 읽었다.

《허생전》은 조선 정조 때 박지원이 한문으로 쓴 단편소설이에
요. 《열하일기》의 〈옥갑야화〉에 수록되어 있지요. 〈옥갑야화〉는
박지원이 중국에 갔다가 돌아오는 길에 옥갑에 들러 여러 비장들
과 나눈 이야기를 적은 거예요. 우리는 이 이야기를 《허생전》이라
고 부르지요. 《허생전》은 당시의 경제 정치 상황을 비판하고 있는
내용이기도 해요. 그래서 직접적으로 이야기하지 않고 이야기 속
에 이야기를 넣어 슬쩍 감추었지요. 자, 《허생전》을 읽고 나니 무
슨 생각이 들죠?"

"역시 사람은 머리가 좋아야 한다는 생각이오!"

"암탉이 울어야 집안이 잘된다는 말이오!"

미정이의 말에 반 아이들과 선생님 모두 배꼽이 빠지게 웃었다.
역시 미정이는 못 당한다.

"하하, 그래 미정이 말도 맞다. 허생의 처가 그렇게 닦달하지 않

았다면 허생은 아직도 묵적골에서 책만 읽고 있을지 모르지. 그렇다면 박지원이 《허생전》을 통해 우리에게 이야기하고자 한 건 무엇이었을까?"

이번에는 아이들이 진지하다. 또 내가 나서야 하나?

"박지원은 《허생전》을 통해 양반도 생활에 실질적으로 필요한 부분을 연구하고, 유교적인 도덕을 실행하여 다른 사람의 모범이 되며 학문을 부지런히 닦아 문화를 계승하는 실학자가 되어야 한다고 말하고 있습니다."

"우우!"

몇몇 아이들이 여느 때처럼 야유를 했지만 상관없었다. 모르는 게 부끄러운 것이지 아는 것을 말하는 것은 부끄러운 일이 아니기 때문이다.

"그래, 지훈이가 조상님 이야기라서 그런지 잘 알고 있구나. 박지원이 살던 시대는 '양반도 하늘이 내렸고, 노비는 대대손손 종으로 살아야 하는' 신분 차별이 심한 시대였어. 지금의 정치인들이 그러는 것처럼 정치적 싸움이 끊이지 않았고, 백성들의 생활은 아주 고달팠지. 게다가 조선 후기로 넘어오면서 과거 시험의 기회가 확대되고 관직을 사고파는 일까지 생기자 양반 수는 점차 많아

지고 관직을 얻지 못하는 양반도 늘었겠죠? 그래서 박지원은 당시의 양반들을 풍자하고 사회의 모순을 알리기 위해 《허생전》을 쓴 것이고……."

선생님의 이야기는 이어졌지만, 내 귀에는 더 이상 들리지 않았다. 아빠 생각이 났기 때문이다. 우리 아빠도 허생 같은 사람일까? 그렇다면 지금쯤 어디에서 무얼 하고 계실까?

4 새로운 공동체

이제 아빠는 또 다른 사업을 착수해서 우리가 상상할 수도 없을 만큼 많은 돈을 벌었다. 그러나 이상하게도 그 돈을 우리 집 살림에 보태지 않았다. 아니 아직도 아빠는 공식적으로는 가출한 상태다. 흔히 알고 있는 가출 청소년이 아니라, 가출한 불량 가장이다. 우리가 어떻게 고생하는지 아니 어떻게 사는지 관심도 없는 모양이다. 우리랑 아주 인연을 끊을 작정이신가 보다. 그때까지만 해도 우리 모두 그렇게 생각했다.

'아빠가 집을 나가기 전날 우리가, 아니 정확하게 말해서 엄마와 내가 아빠의 가슴에 지울 수 없는 못을 박았나? 가족이니까 그런 말도 할 수 있지 않나?'

아! 모르겠다. 가족들을 먹여 살리기 위해 어쩔 수 없이 가출한 어른들도 많다. 그래서 직장을 잡고 일하는 분도 있고, 직장도 못 구하고 가진 돈이 없어 노숙자 신세가 된 사람들도 있다. 이런 사람들이 많다는 것은 그만큼 우리나라에 문제가 많다는 뜻이라고 생각한다. 물론 아무리 잘사는 나라라고 해서 노숙자가 없는 것은 아니겠지만.

텔레비전 광고나 드라마를 보면 세상은 아주 좋아 보인다. 세상이 너무나 안 좋기 때문에 좋은 모습만 보라고 비춰 주는 건가. 우리 아빠도 이 세상에 문제가 많아서 가출한 것일까? 고학력 실업자나 마찬가지인 우리 아빠, 방학 때는 강의를 못 하시니까 실업자인 건 틀림없다. 게다가 대학의 방학은 매우 길다. 그것도 전적으로 우리 아빠의 탓일까? 괜히 취직도 못하면서 박사 학위까지 받은 것은 아빠의 잘못된 선택이었을까?

언젠가 아빠가 좋아하는 노래를 들은 적이 있다. 친구 강사들이 좋아하는 노래란다. 아빠가 어렸을 때 최고 인기를 누렸던 가수 이미자가 부른 〈여자의 일생〉이다. 그런데 아빠는 그 노래의 제목과 가사를 자주 바꾸어 부르곤 했다. '강사의 일생'으로 말이다. 무슨 의도로 불렀을까?

참을 수가 없도록 이 가슴이 아파도
강사이기 때문에 말 한마디 못하고
헤아릴 수 없는 설움 혼자 지닌 채
고달픈 인생길을 허덕이면서
아, 참아야 한다기에 눈물로 보냅니다
강사의 일생

그런 아빠가 시쳇말로 떼돈을 벌고서도 식구들에게 연락도 안 한다. 무엇 때문일까? 그건 알 수가 없다.

한편 그 당시 아빠는 번 돈으로 땅을 샀다. 전국에서 제일 땅값이 싸다는 산간 오지에 있는 어마어마하게 넓은 땅을. 서울에서 자동차로 네 시간 정도 되는 곳이다.
그러고는 거기에 대대적으로 공사를 시작하셨다고 한다. 공사라는 것이 산을 허물고 깎아 집을 짓고 도로를 포장하는 그런 공사가 아니고, 산이나 나무 등 자연을 거의 훼손하지 않고 사람만 들어가 살 수 있도록 작은 길을 만들고 집을 짓는 일이었단다.

주변의 빈 땅을 이용해 밭을 일구고 가까이에 소규모 학교와 유치원 건물도 짓고 말이다. 이렇게 마을을 건설한 이유는 국내 최초로 '무공해 체험 마을'을 만들기 위해서였다. 일종의 민속촌과 체험 마을을 혼합한 셈이다. 민속촌에 가면 구경은 할 수 있어도 구경꾼이 가서 살 수는 없다. 단순히 전시하는 것을 관람할 뿐이다. 또 체험 마을은 고작해야 하루나 이틀 정도 머물면서 농사일이나 이벤트에 참가하는 게 전부이다.

그런데 아빠가 건설하고자 하는 마을은 사람이 직접 살 수 있도록 만들었다. 그리고 가능한 한 생활에 필요한 물건을 재배하거나 만들 수 있도록 하였다. 사람은 자신이 만들거나 재배한 것을 자신을 위해 사용할 때 가장 큰 즐거움을 느낀다고 한다. 아빠 말씀을 빌리면 인간은 자신을 위해 노동할 때 가장 큰 행복을 느낀다고 한다.

그렇지만 이 마을에 와서 살 사람들은 여기서 생산되는 것만으로는 살 수 없다. 다른 마을 사람들도 그렇듯이 사람들은 서로 협

동하고 살아야 한다. 그래서 아빠는 무공해 체험 마을을 만들었다. 무공해 유기농으로 재배한 농산물을 시장에 팔기도 하고, 공해에 시달린 도시 사람 가운데 희망하는 사람은 언제든지 여기에 와서 머물고 갈 수 있다.

더 중요한 것은 많은 사람들이 여기 살고, 다른 사람들에게 농사에 관한 여러 가지 지식이나 농업 경영에 대한 것을 견학시키는 일이다. 그래서 견학에 참가한 사람들 가운데는 자신의 마을에 돌아가 농사를 짓거나, 도시 사람이 농촌으로 돌아가 농사를 지을 경우 도움이 되고자 하였다.

그 다음으로 아빠가 심혈을 기울인 것은 연구소 건설이었다. 공해가 없는 유전공학이나 농산물 연구를 위해 지은 연구소는 학자들이 단지 학문을 연구하는 데만 만족하지 않고 그 연구의 결과가 사람들의 생활에 보탬이 되도록 하는 이용후생(利用厚生)에 주요 목적을 둔 것이라고 한다.

이것은 아빠가 평생 귀에 못이 박히도록 듣던 공리공담을 연구한다는 소리에 대한 말 없는 저항인 것 같다는 생각도 들었다. 이 마을을 건설한 목적이 바로 아빠의 철학적 신념에서 나왔다는 것은, 이 마을이 돌아가는 형태를 보면 알 수 있다. 단지 돈을 벌기 위한 일이라면 이런 마을을 건설할 이유가 없다. 사업을 계속하면 될 테니까.

이제 마을 건설은 완료되었다. 문제는 누가 이 마을에 와서 사느냐 하는 점이었다. 그러나 아빠의 머릿속에는 누가 와서 살아야 할 것인지 이미 계획이 되어 있었다고 한다.

아빠는 사람들을 모집하기 위하여 전국에 있는 노숙자 가운데서 자신의 아내나 중학생 이하의 자녀를 두고 있는 사람은 누구나 환영한다고 알렸다. 조건은 일단 이 마을에 들어오면 농사를 짓거나 일을 해야 한다는 것이다. 물론 자신을 위해서 말이다. 그것뿐이다. 돈을 낸다든지 시험을 본다든지 하는 과정은 없었다.

처음에는 노숙자들이 믿지 않았다고 한다. 사기를 치기 위해 만든 헛소문이라고 했다. 그런데 몇 사람이 가서 살고 있다는 소문을 듣고, 여기저기서 찾아오는 사람들이 점점 늘어났다. 집도 공짜로 주고 일터도 공짜로 준다는 말에 시골이라도 좋으니 살겠다고 찾아오는 사람들이 늘어났던 것이다.

드디어 아빠가 꿈꾸던 마을은 이제 남들이 부러워하는 우수한 공동체가 될 준비를 마쳤다.

북학파

　실학의 이론은 대체로 학자 유형원에서 시작됩니다. 물론 그 이전으로 거슬러 올라가면 율곡 이이의 학문도 실학적 성격이 있고, 이수광이나 김육 같은 학자들이 실학의 생각을 싹 틔우기 시작하였습니다.

　그러나 진정한 학파로서는 성호 이익에서 출발합니다. 실학의 학파는 성호학파와 북학파로 나누어 볼 수 있습니다. 성호 학파는 이익에서 출발하여 안정복, 황덕길, 허전 등으로 이어지고, 북학파는 홍대용, 박지원에서 박제가 등으로 이어집니다. 정약용은 이 두 학파의 흐름을 종합하였고, 최한기는 주로 북학파의 흐름을 이어받아 개화 사상으로 연결합니다.

　북학파들은 그 이름이 뜻하듯 청나라의 문물을 수용하자는 공통적인 특징이 있습니다. 모두 청나라에 다녀온 경험이 있는 인물들입니다. 그들이 청나라에 다녀온 기행문으로 남긴 책은 박제가의 《북학의》, 박지원의 《열하일기》, 홍대용의 《담헌연기》, 이덕무의 《청장관전서》 등이 있습니다.

박지원과 《열하일기》

　박지원은 북학파의 한 사람으로서 젊은 시절 글을 배운 후부터 과거 시험도 포기한 채 문학 작품 창작에 몰두합니다. 이때의 작품이 《마장전》, 《예덕선생전》, 《광문자전》, 《민옹전》, 《양반전》, 《김신선전》, 《우상전》, 《역학대도전》, 《봉산학자전》 등 모두 아홉 편입니다. 모두 스무 살 이후부터 서른 살 사이에 쓴 것들입니다.

　서른 살이 넘어서는 홍대용과 사귀면서 지구가 스스로 돈다는 설에 대하여 듣고, 또 청나라 소식을 접하게 됩니다. 그리고 가난에 쪼들리면서도 친구들을 사귀면서 몇 군데로 이사를 다닙니다. 당시 사귄 친구로는 홍대용, 정철조, 양반 서얼 출신인 박제가, 이덕무, 유득공, 서자 출신 백동수가 있었습니다.

　그러던 차에 마흔네 살 되던 1780년에 친척 형인 박명원이 청나라 사신으로 가게 되었는데, 이분을 수행하기 위하여 청나라로 떠나게 되었던 것입니다. 홍대용, 박제가, 이덕무는 이미 청나라를 다녀와서 그들에게 익히 청나라에 대해 들었지만, 자신이 직접 보고 들은 것을 기록한 것이 바로 《열하일기》입니다.

　그러니까 박지원의 북학 사상은 이 《열하일기》에 거의 들어 있다고 해도 과언이 아닙니다. 그 내용은 주로 정치, 경제, 군사, 천문, 문학 등에 관한 것입니다. 열하(熱河)는 중국의 지명을 뜻하는 말로, 중국

황제의 여름 피서지를 말합니다. 주변에 온천이 있었다고 전하며 그래서 이름이 '열하'였던 것 같습니다.

박지원은 여기서 중국의 산천과 기후와 남녀 풍속, 제도, 문물을 논하고, 집, 다리, 길, 배, 말 등의 우수함을 자세히 묘사하고, 이런 것들을 우리나라도 배웠으면 하고 강조했습니다. 그는 중국 학자들과 이야기를 나누다가 우리나라 양반들이 너무나 고루하고 무기력하다는 사실을 알게 되었습니다. 그래서 그 점을 시원하게 풍자하였는데, 그것이 《열하일기》 가운데 들어 있는 《호질》과 《허생전》 등입니다. 불행하게도 《열하일기》는 지배층 양반들에게는 환영을 받지 못했고 오히려 공격의 대상이 되었습니다.

북벌론과 북학사상

박지원의 철학은 기본적으로 성리학적 전통을 그대로 유지하고 있습니다. 즉 만물은 불변하는 이(理)와 변화무쌍하지만 항상 있는 기(氣)로 되어 있다는 관점입니다. 그리고 여기서 '이'란 자연법칙일 뿐만 아니라 인간 사회의 도덕이나 윤리에도 해당합니다. 그러한 '이'가 스스로 있다고 하는 것은 아직 성리학을 잇고 있다고 보아야 합니다.

그러나 이전의 성리학자들과 다른 점은 홍대용의 지구가 스스로 돈다는 지전설을 받아들여 당시 성리학자들의 학문 경향인 인간 중심,

지구 중심의 생각에서 벗어납니다. 즉 지구는 많은 별 가운데 하나고, 인간은 만물 가운데 하나가 되는 것입니다.

　그래서 그는 《호질》이라는 이야기 속에서 호랑이의 입을 통해 사람이나 만물의 본성이 다르지 않다고 말합니다. 원래 조선 후기에 오면 성리학 내부에서 인간의 본성이 만물과 다르다는 입장과 만물과 같은 입장으로 나누어지는데, 박지원은 같다는 생각에 동의하고 있습니다.

　이것은 대단히 중요한 뜻을 지니는데, 당시 양반 지식인들은 우리나라를 침략한 청나라 사람을 인간으로 보지 않고 오랑캐로 본 것과 관계가 있습니다.

　조선이야말로 문명국이며 청나라는 이제 더 이상 중화(문명)가 아니라는 것입니다. 따라서 그들은 온전한 인간이 아니기 때문에 선한 본성이 우리와 다르다는 것을 주장하기 위해 '인간과 만물의 본성이 다르다'고 말했던 것입니다.

　이렇게 자기들만 문명국이라고 생각한 것을 '중화사상'이라 하고, 조선 사람이 그것을 주장할 때는 '소중화사상'이라고 합니다. 그리고 오랑캐와 문명국을 나누어서 생각하는 것은 화이론(華夷論)이라고 부릅니다.

　이런 것을 주장한 사람들은 조상의 원수를 갚기 위해 청나라를 쳐야

한다고 생각했는데, 이것을 북벌론(北伐論)이라 합니다. 그러나 실제로 북벌론은 청나라를 치겠다는 의지에서 나온 것이 아니고, 자신들의 입장을 반대하는 사람들을 탄압하기 위한 도구로 사용되었습니다.

반면에 '인간과 만물의 본성이 같다' 라고 주장하게 되면 청나라 사람들도 우리와 똑같은 인간이 되어서 그 본성이 선한 것이 됩니다. 따라서 그들에게도 우리가 배울 것이 있다는 논리가 가능하고, 중화(中華)나 오랑캐가 모두 하나라는 생각을 하게 되어 중화사상을 벗어나며 화이론이 극복됩니다. 그리고 북벌론 대신 청나라를 배우자는 북학 사상이 가능해집니다. 그러니까 북학을 주장하는 이면에는 이같은 철학적 배경이 깔려 있는 것입니다.

《허생전》의 허생

박지원은 《허생전》에서 주인공 '허생' 의 태도를 통해 상업이 필요한 일이기는 하지만, 선비보다 낮은 차원의 직업이라고 생각했습니다. 조선의 허약한 경제를 생각하기는 했으나 상인이나 농민보다는 도(道)를 추구하는 선비 생활을 더 보람 있는 일로 생각했습니다. 선비는 직접 장사하고 농사짓는 일에 나서는 것보다 지도자로서 역할을 하면 된다는 것입니다. 박지원은 그러한 선비의 역할을 이상적인 것으로 여기고 그 스스로도 그렇게 살려고 했습니다.

3

안빈낙도

 감사하는 마음처럼 아름다운 것은 없을 것이다. 우리가 누구에겐가
감사하고 있을 때 거기에 불화나 반목 같은 것은 발붙이지 못할 것이다.

　　　　　　　　　　　　　　　　　　　　　　　　　　　　　　－박지원

1 《허생전》을 읽다 ②

허생은 늙은 사공을 만나 말을 물었다.

"바다 밖에 혹시 사람이 살 만한 빈 섬이 없던가?"

"있습지요. 언젠가 풍파를 만나 서쪽으로 줄곧 사흘 동안을 흘러
가서 어떤 빈 섬에 닿았습지요. 아마 사문(沙門)과 장기(長崎) —
일본의 지명 — 의 중간쯤 될 겁니다. 꽃과 나무는 제멋대로 무성
하여 과일 열매가 절로 익어 있고, 짐승들이 떼 지어 놀며, 물고기
들이 사람을 보고도 놀라지 않습니다."

그는 대단히 기뻐하며 말했다.

"자네가 만약 나를 그곳에 데려다 준다면 함께 부귀를 누릴 걸세."

그러자 사공이 얼른 승낙을 했다.

드디어 바람을 타고 동남쪽으로 가서 그 섬에 이르렀다. 허생은 높은 곳에 올라가서 사방을 둘러보고 실망하여 말했다.

"땅이 천 리도 못 되니 무엇을 해 보겠는가? 토지가 비옥하고 물이 좋으니 단지 부가옹(富家翁)은 될 수 있겠구나."

"텅 빈 섬에 사람이라곤 하나도 없는데, 대체 누구와 더불어 사신단 말씀이오?"

사공의 말이었다.

"덕(德)이 있으면 사람이 절로 모인다네. 덕이 없을까 두렵지, 사람이 없는 것이야 근심할 것이 있겠나?"

이 때 변산(邊山)에 수천의 군도(群盜)들이 우글거리고 있었다. 각 지방에서 군사를 징발하여 수색을 벌였으나 좀처럼 잡히지 않았고, 군도들도 감히 나가 활동을 못 해서 배고프고 곤란한 판이었다. 허생이 군도의 산채를 찾아가서 우두머리를 달래었다.

"천 명이 천 냥을 빼앗아 와서 나누면 하나 앞에 얼마씩 돌아가지요?"

"1인당 한 냥이지요."

"모두 아내가 있소?"

"없소."

"논밭이 있소?"

군도들이 어이없어 웃었다.

"땅이 있고 처자식이 있는 놈이 무엇 때문에 괴롭게 도둑이 된단 말이오?"

"정말 그렇다면, 왜 아내를 얻고, 집을 짓고, 소를 사서 논밭을 갈고 지내려 하지 않는가? 그럼 도둑놈 소리도 안 듣고 살면서, 집에는 부부의 낙(樂)이 있을 것이요, 돌아다녀도 잡힐까 걱정 않고 길이 의식의 요족을 누릴 텐데."

"아니, 왜 바라지 않겠소? 다만 돈이 없어 못할 뿐이지요."

허생은 웃으며 말했다.

"도둑질을 하면서 어찌 돈을 걱정할까? 내가 능히 당신들을 위해서 마련할 수 있소. 내일 바다에 나와 보오. 붉은 깃발(도둑들에게 희망을 상징함)을 단 것이 모두 돈을 실은 배이니, 마음대로 가져가구려."

허생이 군도와 언약하고 내려가자, 군도들은 모두 그를 미친놈이라고 비웃었다.

이튿날 군도들이 바닷가에 나가 보았더니, 과연 허생이 삼십만 냥의 돈을 싣고 온 것이었다. 모두들 대경(大驚)해서 허생 앞에 줄지어 절했다.

"오직 장군의 명령을 따르겠소이다."

"너희들, 힘껏 백 냥도 못 지면서 무슨 도둑질을 하겠느냐? 인제 너희들이 양민(良民)이 되려고 해도, 이름이 도둑의 장부에 올랐으니 갈 곳이 없다. 내가 여기서 너희들을 기다릴 것이니, 한 사람이 백 냥씩 가지고 가서 여자 하나, 소 한 필을 거느리고 오너라."

허생의 말에 군도들은 모두 좋다고 흩어져 갔다.

허생은 몸소 2천 명이 일년 먹을 양식을 준비하고 기다렸다. 군도들이 빠짐없이 모두 돌아왔다. 드디어 다들 배에 싣고 그 빈 섬으로 들어갔다. 허생이 도둑을 몽땅 쓸어 가서 나라 안에 시끄러운 일이 없었다.

그들은 나무를 베어 집을 짓고, 대(竹)를 엮어 울을 만들었다. 땅 기운이 온전하기 때문에 백곡이 잘 자라서, 한 해나 세 해만큼 걸러 짓지 않아도 한 줄기에 아홉 이삭이 달렸다. 3년 동안의 양식을 비축해 두고, 나머지를 모두 배에 싣고 장기도(長崎島)로 가져

가서 팔았다. 장기라는 곳은 30만여 호나 되는 일본(日本)의 속주(屬州)이다. 그 지방이 한참 흉년이 들어서 구휼하고 은 백만 냥을 얻게 되었다.

허생이 탄식하면서 말했다.

"인제 나의 조그만 시험이 끝났구나."

지난 시간에 이어 《허생전》의 뒷부분을 다른 아이들이 실감나게 읽자 반 아이들의 환호도 지난번보다 더 컸다.

"자, 《허생전》의 반응이 이렇게 뜨거울 줄 몰랐는데? 앞으로 국어 시간 틈틈이 우리 고전 읽기 시간을 마련해야 할 것 같구나. 허생이 결국은 상인이 되어 큰돈을 벌었지만 그것을 이용후생의 실학사상을 실천하는 데 사용하게 되었네요. 그렇죠? 어려서 아버지를 여의고 벼슬도 하지 못한 채, 가난 속에서 불우하게 삶의 절반을 보낸 연암 박지원에게는, 농사를 짓고 싶어도 지을 땅이 부족하고, 장사를 하고 싶어도 당시의 신분 질서가 허용하지 않았어요. 연암 박지원의 문학이 정책을 비판하고 있는데도 딱딱하지 않고 오히려 재미있게 쓰인 건 다 그런 경험 때문이 아니었을까?"

"《허생전》은 연암 박지원의 꿈이 담겨 있는 소설인 것 같아요."

미정이가 또랑또랑한 목소리로 말하자 여기저기서 '우아!' 하는 소리가 터져 나왔다.

'쳇, 유치한 놈들. 내가 말했으면 분명히 야유를 했을 거다.'

"그래, 맞아. 그래서 《허생전》을 당시 양반 등의 집권층과 현실적인 실학파인 북학파들의 대비를 보여 준 풍자 소설이라고 부르는 거예요. 결국 불합리한 현실과 집권층에 대한 비판이 무인도에 이상국을 건설하는 것으로 나타난 것이지요."

"그런 무인도가 있다면 제가 1등으로 가서 살래요!"

명식이가 이런 소리를 할 때까지만 해도 나는 혀를 차며 바보 같은 소리라고 생각했다. 허생이 생각하는 이상적인 나라를 건설하려고 했던 곳은 빈 섬이었다. 그렇지만 현실적으로는 실패하기 십상이다. 왜 하필 빈 섬이었을까 생각해 보면 현실적으로 불가능한 일이기 때문에 그런 거라고 생각했다. 그냥 꿈속에서나 볼 수 있는 그런 섬이었을 거다.

2 귀환

아빠가 집에 돌아오게 된 건 완전히 방송사 카메라 기자의 실수(?) 때문이었다. 아빠는 사업을 할 때 자신이 전면에 나서지 않았다. 왜 그렇게 하셨는지는 알 수 없다. 가족에게 알려질까 봐? 아니면 학문에 힘쓰던 학자가 사업을 하게 되어서 창피해서?

어쨌건 우리 가족으로서는 카메라 기자가 고마울 뿐이다. 아빠가 건설한 공동체 마을을 소개하면서 창립자인 아빠의 얼굴과 약력을 조사하여 방송했던 것이다.

엄마는 탄식을 자아내시며 말씀하셨다.

"사람이 저럴 수 있니? 뼈 빠지게 고생하고 남들 좋은 일만 하고 있었다니."

맞는 말이다. 나는 아빠가 기껏해야 깊은 산속의 절에 들어가 공부나 하고 계실 줄 알았다.

어쨌든 다행이었다. 이젠 우리 가족도 고생 끝, 행복 시작이었다. 그때까지만 해도 그렇게 생각했다. 우리는 각자 흥분에 들떠 있었다. 우선 나부터 아빠가 돌아오면 내 공부방이 있는 큰 집으로 이사를 갈 것이라고 기대했다. 그 다음에는 속도가 무지 빠른 최신형 컴퓨터를 들이고 카메라 성능이 좋은 휴대전화와 MP3, 와! 생각만 해도 신난다. 그리고 방학 때만 되면 미국이나 캐나다로 해외 어학연수를 갈 수 있다고 생각하니 기분이 최고였다.

지영이도 덩달아 어쩔 줄 몰랐다. 휴대전화, 컴퓨터, MP3는 기본이고, 새 피아노가 들어올 것이라고 어떤 회사 제품이 좋은지 묻고 다녔다. 게다가 값비싸고 좋다는 미술 학원과 음악 학원이 어디 있는지도 알아보느라 난리였다.

그럼 엄마는? 먼저 엄마의 부자 친구들처럼 좋은 동네로 이사를 갈 거라고 하셨다. 물론 우리들의 교육을 위해서 말이다. 되도록 큰 아파트로 이사를 가되 새로 나온 최신형 승용차를 당장 사자고 할 것이고, 비싼 승용차를 몰며 백화점에서 쇼핑을 하고, 호텔 같은 데서 귀빈 대접을 받으면서 여가를 즐기실 것이라고도 했다.

아, 한 가지 더. 여름철에 뉴질랜드로 여행을 다녀왔다는 지수 아줌마에게 당당하게 말씀하실 것이다.

"우린 뉴질랜드가 시시해서, 캐나다로 가서 일주일 지내고, 알래스카 원주민 캠프에서 며칠 더 보내다가 다시 유럽으로 건너가 알프스에서 일주일 더 묵고 오니 벌써 여름이 다 가 버렸네요. 호호호!"

그러나 우리의 예감은 어김없이 빗나가고 말았다. 원래 아빠에게는 노숙자들을 위한 마을을 건설하고도 많은 돈이 남았다. 그런데 아빠는 그 돈을 일부만 남기고 나머지 돈을 몽땅 대학의 장학금이나 불우 이웃 돕기에 기부하셨다. 그나마 남은 돈도 아빠가 사업을 시작하기 전에 빌렸던 선배에게 주고 말았다.

아빠의 선배님은 이렇게 말씀하셨다.

"이 사람아 자네가 성공한 것은 내가 익히 알고 있었네만, 이렇게 큰돈으로 갚을 필요가 있나?"

"아닙니다. 선배님이 도와주시지 않았더라면, 오늘날 제가 있었겠습니까? 열 배가 아니라 백배라도 갚는 것이 당연하지요."

그래도 선배님은 막무가내로 아빠에게 돈을 되돌려 주려고 했다.

"제가 부자가 되고 싶었으면 불우 이웃 돕기나 장학금으로 돈을 냈겠습니까?"

이렇게 말하고는 집으로 돌아왔다. 딱 5년 만이다. 환영 행사로 난리가 나도 모자랄 판인데 집안은 너무나 썰렁했다. 아빠가 빈손으로 돌아왔기 때문이다.

사람 마음은 이렇게 간사한 것인가? 처음에 아빠가 집을 나갔을 때는 죽지 않고 살아서 돌아오시기만 해도 더 이상 바랄 것이 없다고 생각했던 우리가, 아빠가 성공했다는 방송을 듣고 난 이후부터는 그냥 돌아온 아빠가 서운하기 짝이 없었다.

아빠는 아무 일 없었다는 듯이 다시 책을 들었고, 엄마는 음식점 종업원 생활을 계속했다. 나와 동생의 학비도 이제는 만만치 않기 때문이다. 대신 엄마의 잔소리와 바가지 소리는 더 늘어났다.

우리가 이렇게 사는 것을 몰래 알아본 아빠의 선배는 아빠를 불러 야단을 치셨다.

"이 답답한 친구야! 가족을 그렇게 고생시키면서 나한테 그 큰

돈을 주다니. 자네가 나에게 꾼 돈을 빼고는 전부 되돌려 줄 테니 가족들 고생이나 시키지 말게."

"아닙니다. 선비란 책을 읽고 도덕적으로 깨끗하고 청렴해야 하는데, 제게 그렇게 큰돈이 있으면 제 분수에 맞지도 않고, 그 돈으로 엉뚱한 짓을 하다가 제 자신만 망가지고 정신만 괴롭게 될 것입니다."

아버지의 말을 듣고 그분은 이렇게 답변하셨다.

"알겠네, 그 대신 자네는 우리 회사의 경영 자문위원이 되어주게. 자네 경영 능력이 탁월하다는 것은 이미 검증된 것이니. 대신 자문의 대가로 한 달에 얼마씩 자네 부인의 통장에 입금하겠네."

며칠 뒤 우리는 뜻밖에 이사를 하게 되었다. 방이 세 개나 되고 지은 지 얼마 안 되는 서른 평짜리 새 아파트였다. 물론 이것은 아빠의 선배님이 엄마와 의논해서 하신 일이었다.

나와 지영이는 우리 방이 생겨서 뛸 듯이 기뻤다. 무엇보다 엄마가 이제는 식당 일을 안 해도 되니까 기분이 더 좋았다. 그러거나 말거나 아빠는 여전히 공부만 하신다. 학문에 몰두하지 못한 5년이란 공백 때문에 대학의 강사 자리도 이제는 하늘의 별 따기다. 다행히 회사를 성공적으로 경영한 경험이 있어서 철학 박사인데

도 경영학을 강의해 달라는 몇몇 학교가 있었다. 그래서 요즘은
거기에 출강하신다.

3 진정한 학자

아빠는 여전히 대학교에서 한두 강좌를 맡아 강의하시고, 시간
이 남으면 책을 보거나 책을 쓰신다. 그리고 아빠가 큰 회사를 운
영하셨고, 거기서 번 돈으로 노숙자들을 위한 마을을 건설하고,
또 남은 돈으로 장학금과 불우 이웃에 몽땅 썼다는 소식이 온 나
라의 화제가 되었다.

그러나 여러 방송사나 신문사에서 인터뷰를 하자고 해도 끝내
거절하고 이전에 하던 일을 계속하신다. 신문이나 방송사에서는

자신의 재산을 몽땅 사회를 위해서 쓴 사람이 여태 없었기 때문에 큰 뉴스감이 된 것은 틀림없다.

인터뷰를 거절한 가장 큰 이유는 아빠가 나서길 좋아하지 않기 때문이다. 부와 명예는 오히려 인간을 부자유스럽게 한다고 항상 말씀하셨으니까.

흔히 사람들은 돈을 벌면 우선 큰 집으로 이사하고, 외제 자동차를 구입하고, 골프를 치러 다니거나 해외여행부터 시작한다고 한다. 그리고 편안히 놀고먹으면서 비싼 음식점이나 극장, 유흥업소 등을 전전하다가 싫증나면, 다른 놀이나 할 일을 찾아보는 것이 고작이다.

또 어떤 사람들은 그런 것을 다른 사람에게 자랑삼아 과시하기도 한다. '왼손이 하는 일을 오른손이 모르게 하라' 는 말은 기독교인들에게만 해당하는 말은 아닐 것이다. 모든 사람들에게 해당하는 말이 아닐까?

그러나 주머니 속에 있는 송곳은 언제나 드러나는 법이다. 아빠가 아무리 가만히 있으려 해도 주위 사람들이 좀처럼 내버려 두지 않는다.

어디 무슨 회사 사장 자리를 줄 테니 오라는 것은 기본이고, 같이 동업을 하자는 제의도 많이 들어온다. 이전에는 아빠가 그렇게도 원하던 교수 자리를 제의한 학교도 있었다. 그렇지만 이런 것은 다 나름대로 장삿속이 있어서 그런다는 것을 모르시는 아빠가 아니다. 그리고 사실상 그런 것들은 좀처럼 아빠의 입맛에 맞는 제의가 아니다.

한번은 큰 정당의 정치인이 찾아온 적이 있었다. 마침 선거철을 앞두고 국회의원 출마 후보자를 물색하는 중이어서 아빠를 추천한 사람이 있었던 모양이다. 각종 언론에 아빠가 하신 일이 소개되어서 익히 알고 있었을 터이다.

그 사람은 국회의원 후보 자리를 하나 줄 테니 자기 정당에 가입해 달라고 했다. 아빠가 청렴하고 개인적 욕심 없이 사회를 위해 좋은 일을 했기 때문에 틀림없이 당선될 것이라는 계산을 하고 왔을 것이다.

아빠는 이분의 말씀을 가만히 듣고 계시더니 말씀하셨다.

"좋습니다. 그런데 몇 가지 조건이 있습니다. 그 조건을 당 대표를 포함해서 당직자들이 들어주신다면 입당하도록 하겠습니다. 첫째, 과거 친일한 사람들의 명단을 있는 대로 모조리 공개하고 그들의 재산을 몰수할 법을 만들어야 합니다. 둘째, 국가 예산의

10퍼센트는 교육을 위해 써야 합니다. 셋째, 부모에게 상속받은 재산이 있는 사람들은 많은 세금을 내도록 해야 합니다. 그래서 일하지 않고 물려받은 재산으로 부자가 되는 사람이 없도록 해야 합니다. 그렇게 하실 수 있겠습니까?"

손님이 말하였다.

"다른 분야도 많은데 교육에만 집중 배정하는 것은 형평에 어긋나지 않습니까?"

"모르시는 말씀입니다. 공자도 국가가 유지되려면 국방과 경제와 믿음이 필요한데, 우선순위가 믿음, 경제, 국방으로 보았습니다. 믿음이란 교육을 통해서 생기는 것입니다. 어찌 중요하지 않습니까?"

"그렇습니까? 그러면 교육 정책에 대한 비전이라도 갖고 있습니까?"

그러자 아빠가 단호하게 말했다.

"세계 100대 대학교 가운데 끼는 우리나라 대학교는 하나도 없습니다. 그만큼 우리 교육이 열악하다는 증거지요. 그래서 해외로 유학 간다고 아우성이고. 자원이 없는 우리나라로서는 인재를 키워야 합니다. 지금까지 이 정도 먹고살 수 있었던 것은 이전 교육의 힘입니다. 그러나 지금의 교육제도로는 더 이상 인재를 키울 수 없습니다. 개혁을 해야지요. 우리가 중시하는 경제 활동을 하고 나라를 지키고 정치를 하는 것은 인간이 하는 일입니다. 그런 일을 잘하자면 좋은 교육을 받은 인재들이 많이 나와야 합니다. 교육에 큰 투자를 하면 백년이 아니라 불과 몇십 년 안에 효과를 볼 수 있는 일인데도, 정치인들은 자신들의 당리당략과 당장의 득표를 위해 단기적인 정책에만 혈안이 되어 있지요. '우선 먹기에는 곶감이 달다'는 속담처럼 당장 눈앞의 달콤한 이익에만 신경 쓰다 보면, 먼 미래를 대비하지 못하는 것이지요."

"듣고 보니 일리가 있습니다. 그러나 이 문제들은 제가 여기서 받아줄 수 있다고 말씀드리기는 좀 뭐하고……."

"그럴 것이라는 생각이 듭니다. 기다리겠습니다. 아무 답이 없으면 정치 얘기는 없는 줄로 알겠습니다."

이렇게 이야기를 마치고 손님은 돌아갔다.

너무 궁금한 나머지 나는 얼른 여쭈어 보았다.

"아빠, 정말 국회의원에 출마하실 거예요?"

"무슨 소리야. 그 사람은 다시 찾아오지 않을 것이다."

"그걸 어떻게 아세요?"

"지금 부자 국회의원들만 가득한 그 당에서 어찌 상속 세율을 올리겠느냐? 자기들도 거기에 해당하는데. 교육에 투자를 하면 그 효과가 당장 나타나지 않아 하지 않을 것이다. 그들에겐 당장 국민들의 인기가 중요한 것이다."

정말 아빠의 말대로 다시는 그 당에서 찾아오지 않았다. 아빠의 요구를 들어주느니 차라리 조금만 다른 데 신경 쓰면 더 많은 표를 얻을 수 있으리라 계산했기 때문일 것이다.

학자와 정치가는 이렇게 다를까?

아빠를 보면 알 수 있다. 아빠는 연구하고 가르치는 일이 평생의 일이다. 여러 사람 앞에서 연설을 하거나 국민들의 요구사항을 국가 정책에 반영하는 그런 일은 맞지 않는 것 같다.

그런데 아빠 말로는 학자들 가운데 정치가가 된 분들이 많다고 한다. 일부는 성공한 사람도 있고, 일부는 이전의 명성을 더럽히고 볼썽사나운 정치꾼이 된 사람도 있다고 한다.

그리고 더 큰 문제는 정치계에서 혹시 불러주지는 않나 하고 목을 빼고 기다리는 학자들도 있다는 것이다. 강단에서 그렇게 정의니 자유니 민주니 외치다가도 정작 자리 하나 얻는 조건으로 불림을 당하면, 그렇게 외치던 자유니 민주니 정의니 하는 것은 다 어

디로 사라졌는지 찾아볼 수 없다고 한다.

우리 아빠는 진정한 학자로 남고 싶으신 거다.

기자들이 다녀가고 정치가가 다녀가고 회사 대표가 다녀가고 온갖 사람들이 다녀갔다. 아빠는 먼 시골로 이사를 가자는 말씀을 자주 하신다. 그렇지만 엄마는 반대다. 나와 지영이의 학교 문제 때문이다.

해결책은 아빠의 머리에서 나왔다. 식구들 모두 서울에 있는 그대로 살고 아빠만 공동체 마을에 가서 원하시는 만큼 공부도 하고 연구도 하시는 거다. 우리야 주말에 놀러 가면 되니까 말이다. 나도 나중에는 시골로 가서 살 것이다. 생각해 보면 세상은 크고 넓은데, 우리나라처럼 좁은 땅덩어리 위에서, 그중에서도 서울에서만 평생을 사는 것이 얼마나 답답한 일인가?

그렇지만 많은 사람들은 평생을 감옥 같은 도시에 갇혀서 산다. 게다가 닭장 같은 아파트에 사니 이중 삼중의 감옥인 셈이다. 더위가 다가오면 닭장 속의 닭이 헉헉대듯이 우리들도 숨이 막혀 헉헉대다가 마지못해 탈출하는 것이 피서 행렬 정도이니.

아빠는 자유롭게 살고 싶으신 거다.

이용후생

예전에 국사를 연구하는 사람들이 실학파를 경세치용(經世致用)학파, 이용후생(利用厚生)학파, 실사구시(實事求是)학파로 나눈 적이 있습니다. 그래서 경세치용학파에는 유형원, 이익 등이 있고, 이용후생학파에는 홍대용, 박지원, 박제가, 이덕무 등이 있고, 실사구시학파에는 김정희가 있다는 식으로 연구했습니다. 그래서 중학교와 고등학교 교과서가 거의 이대로 쓰였습니다.

박지원이 들어 있는 이용후생학파는 바로 북학파입니다. 북학파에서 '이용후생'의 주장이 강하기 때문입니다.

그럼 이용후생이란 무슨 뜻일까요?

이 말은 원래 《서경(書經)》이라는 책에 나옵니다. 한자 뜻 그대로 이용(利用)이란 이롭게 사용한다는 말이고, 후생(厚生)이란 생활을 넉넉하게 한다는 뜻입니다. 그러니까 이용후생이란 도구나 물건을 이롭게 사용하여 생활을 넉넉하게 함을 뜻합니다. 바로 북학파들이 주장한 내용과 일치합니다.

그렇다면 박지원을 비롯한 북학파들이 이롭게 사용하자는 것은 무엇일까요? 이미 청나라 여행을 통하여 돌아보고, 또 서양에서 들어온 각종 문물을 말합니다. 수레, 배, 기와, 벽돌, 성곽, 농기구, 기계 등을 이용하여 물건을 생산하거나 운반 및 유통 시에 편리하게 이용하자는 것입니다. 그렇게 되면 물건의 생산이 늘어나고 운반과 판매가 쉬워져 백성들의 살림살이가 부유하게 된다는 것입니다.

정덕

《서경》에는 이용후생의 개념만 있는 것은 아닙니다. 이것과 나란히 정덕(正德)이 있었습니다. 그러니까 유학자들은 항상 정덕과 이용, 후생을 말하면서 정덕을 먼저 강조했습니다. 정덕이란 말 그대로 올바른 덕이니까 윤리나 도덕을 말합니다. 정덕을 먼저 강조했다는 것은 물건의 생산이나 유통 판매의 문제보다 인간의 도덕적인 문제를 우선했다고 말할 수 있습니다. 따라서 상업이나 수공업보다 덕을 쌓는 일에 치중했습니다.

그러니까 사농공상(士農工商)이라 하여 덕을 쌓는 일을 주로 하는 선비를 가장 중시하고 상업이나 공업에 종사하는 사람을 천하게 여겼던 것입니다. 그런데 박지원은 덕을 쌓는 일을 부정하지는 않았지만, 그 우선순위가 이용과 후생을 먼저하고 정덕을 해야 한다고 주장

합니다. 그는 말하기를 '물건을 이용한 후에야 생활이 넉넉할 수 있고, 생활이 넉넉한 후에야 바른 덕을 가질 수 있다'고 하여 이점을 분명히 하고 있는 것입니다.

　비록 그 자신이 선비이기 때문에 바른 덕을 부정하지는 않았지만, 국가 전체로 볼 때는 바른 덕을 쌓는 수양보다는 물건을 이용하고 생산하여 백성들의 살림살이를 부유하게 하면, 바른 덕은 자연적으로 따라오는 것으로 보는 것입니다.

사회 개혁 사상

　박지원은 여러 편의 소설을 통하여 지배 계층 양반들의 위선을 폭로하고 사회 개혁에 대한 생각을 드러냅니다. 양반들은 자신들도 지키지 못하는 법도를 사람들에게 강요했는데, 박지원은 그의 소설을 통해서 이러한 양반들의 거짓된 위선을 풍자하거나 꾸짖는 방법을 써서 자신의 생각을 나타냅니다.

　풍자의 대상에는 양반들이 말하는 국가에 대한 충성과 무위도식(無爲徒食, 놀고먹음), 관료들의 부정부패, 신분 차별과 상업을 천시하는 풍토 등입니다. 특히 당시 원수를 갚기 위해 입으로만 청나라를 치자는 북벌론의 허구성을 신랄하게 비판하고, 중국 중심의 역사관인 중화와 오랑캐를 구분하는 화이론에서 벗어나야 함을 주장합니다.

에필로그

나는 이제 대학생이 되었다. 그것도 아빠가 다녔던 그 대학교의 학생이다. 이건 순전히 아빠의 덕이다. 내게 공부라고는 책 읽는 것이 전부였으니까. 하나 더 있다면 아빠와 자주 했던 토론이다. 독서와 토론, 이것이 오늘의 나를 만든 장본인이다. 이건 나만의 공부법도 아니다. 성리학을 완성한 남송의 주자나 조선의 도학자 퇴계나 율곡 선생도 마찬가지였다.

아빠는 철학을 전공했지만, 난 인류학을 전공한다. 엄마는 부전자전이라고 한숨을 쉬지만 내 생각은 다르다. 사람들은 인류학을 한다니까 무슨 아프리카 숲 속에 가서 고릴라하고 친구가 되어 살거나, 땅속에서 유골이나 유물을 캐는 것이 전부인 것으로 알고 있다.

그러나 그렇지 않다. 인류학만큼 생동감 있는 학문도 흔치 않다. 인류학은 뭐든 다 연구한다. 발로 뛰면서 말이다. 가령 우리 마을 사람들이 좋아하는 인간형, 중국 남부 사람들 중 남편이 부엌일을 하는 이유, 또는 한국인이 선호하는 영화 등등 뭐든지 가능하다.

내가 이런 학문을 선택한 이유는 아빠의 학문이 사람들에게 사실과는 달리 공리공담이라고 치부되어 버리는 데 대한 반발 때문이다. 책상 앞이 아니라 현장을 뛰면서 철학을 하고 싶었다. 철학이란 별거 아니다. 현실의 삶 속에서 그렇게 살 수밖에 없는 논리를 찾으면 된다.

대부분의 철학이 과거의 문헌 속에서 논리를 찾는 것이라면, 인류학은 주로 현재에 남아 있는 것들을 대상으로 논리를 찾는다. 유물이든 사람이든 상품이든 하여간 뭐든지 말이다.

우리 아빠는 지금 뭘 하시냐고?

여전히 시골 여기저기를 유목민처럼 유랑하신다. 이젠 엄마까지 동반자가 되었다. 시골 텃밭에서 농사도 짓고, 시골 사람들과 어울려 지내신다. 그렇다고 그냥 시간을 허비하고 계신 건 아니다.

아빠의 주업은 시골 사람들과 함께 생활하면서 생생한 경험을 얻는 것이며, 그 경험을 바탕으로 철학을 만드는 일이다. 만든 철학을 우리 시대의 많은 사람들과 같이 나눈다. 책을 써서 말이다.

다음으로 하시는 일은 얼마 안 되는 마을의 어린이들이나 젊은이들에게 한문이나 철학을 쉽게 가르쳐 주시는 일이다. 옛날식으로 말하면 일종의 서당인 셈이다. 아직도 무료이다.

아참! 초등학교 때 나와 가장 가깝게 지냈던 태영이는 어떻게 되었을까? 놀라지 마시라. 태영이도 우리 학교에 다닌다. 태영이는 물리학을 전공한다. 과학자가 되고 싶다나. 지금도 태영이를 좋아하는데 어릴 때와는 물론 그 강도가 다르다. 할 수만 있다면 결혼도 하고 싶다. 근데 둘 다 반남 박씨이기 때문에 집안에서 반대한다.

우리나라의 법은 8촌만 넘으면 동성동본끼리도 결혼을 할 수 있다. 그래서 우리 아빠는 설득할 자신이 있지만, 태영이네는 다르다. 그게 우리들의 새로운 과제이다. 사회 제도는 이미 개혁이 되었건만, 인간의 의식이 거기에 따르지 못하기 때문이다. 하긴 이 문제는 우리들만의 문제는 아니다. 사회 전반에 걸쳐 개혁은 계속되고 있지만, 많은 사람들이 개혁적인 정책을 비난한다. 바로 이전의 고루한 생각에 빠져 있기 때문이다.

만약 북학파 박지원이 살아서 돌아온다면 우리 두 사람의 문제를 어떻게 말할까?

추천사

　요즘 한국 사상을 잘 알고 싶어 하는 사람들이 부쩍 늘었지만, 일반 사람들에게 그 내용의 진수를 쉽게 풀어 알려 주는 책은 많지 않습니다. 오늘날의 시대와는 사회 환경과 생각 등 여러 면에서 전혀 다른 수백 년 전의 한국 사상을 잘 알기도 어렵거니와, 더군다나 그것을 알기 쉽게 차근차근 설명해 내기란 더욱 어려운 일이기 때문입니다.

　한국 사상의 발자취를 수놓은 수많은 인물 가운데 박지원은 매우 매력적인 분입니다. 그는 우리에게 조선 후기 북학 사상의 선구자로 유명한 인물이며, 당대 북학 사상의 대표자인 홍대용, 박제가 등과 교류하면서 당대의 지배적인 학풍이었던 성리학보다는 경세에 전심한 실용주의자였습니다.

　그는 어려서부터 학문 전반을 연구하다가 30세부터 실학자 홍대용과 사귀고 서양의 신학문을 접했습니다. 그는 황해도 금천의 연암협으로 이사하여 독서에 전념하다가, 정조 4년에 친족 형 박명원이 사은사로 청나라에 갈 때 동행했습니다. 그는 요동과 열하를 거쳐 북경을 지나는 동안 특히 이용후생(利用厚生)에 도움이 되는 청나라의 실제 생활과 기술을 살펴보고 귀국하여, 유명한 기행문인《열하일기》를 지어 청나라의 문화를 소개하고, 당시 한국의 정치·경제·사회·문화 등 각 방면에 걸쳐 비판하고 개혁을 주장했습니다. 이용후생이란 문물을 적극적으로 이용하고 백성의 삶을 넉넉하게 하자는 뜻입니다.

그는 당시 홍대용·박제가 등과 함께 청나라의 문물을 배워야 한다는 이른바 북학파의 영수로 이용후생의 실학을 강조하였으며, 특히 조선 후기 번영기를 구가하던 정조 당시에 당대의 지성계를 풍미했던 이덕무, 박제가, 유득공, 이서구 등이 그의 제자들이 되었으니 이 사실만 보더라도 그가 당시에 얼마나 위대하고 진보적인 사상가였는지를 알 수 있습니다.

그는 경세 사상뿐만 아니라《허생전》《호질》《양반전》등 우리가 익히 알고 있는 유명한 한문 소설을 쓰면서 해학적이며 자유로운 문체를 구사하여, 양반 계층의 타락상을 고발하면서 새로운 세상을 열어 가는 새로운 인간상을 그려 내어 당시 지식인 사이에 큰 반향을 불러일으켰습니다.

그는 식견이 뛰어난 학자일 뿐만 아니라, 한성부판관, 안의현감, 면천군수, 양양부사 등을 지내는 등 여러 지방관과 중앙의 관직을 역임한 관리로서 백성들을 돌보면서 백성과 국가의 발전에 더욱 깊은 애정을 가지게 되었고, 이러한 그의 생각과 포부를 바탕으로 북학파의 선구자로 뚜렷한 족적을 남겼습니다.

이 책을 쓴 이종란 선생님은 한국철학을 전공한 전문 연구자로서 현재 초등학교에서 교단을 지키며 어린아이를 직접 가르치는 선생님입니다. 또한 이미 이이 선생을 비롯한 여러 명의 위대한 한국 사상가를 소개한 책을 내기도 했습니다. 그러므로 누구보다도 어린이에게 한국의 위대한 정신과 사상을 말씀해 줄 수 있는 적격자입니다. 이종란 선생님은 이 책에 박지원 선생이 지녔던 생각과 우리에게 남기신 업적의 알맹이를 쏙 빼내어 차근차근 알기 쉽게 풀어 주었습니다.

자, 이제 이 책을 통해 여행을 떠나봅시다. 조선 후기의 어려운 시대에 남다른 선견지명을 가지고 조국을 발전시키고 백성에게 활기를 주고자 여러모로 노력하신 위대한 사상가의 발자취를…….

건양대학교 교수 **김문준**

통합형 논술
활용노트

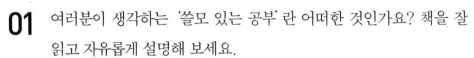

01 여러분이 생각하는 '쓸모 있는 공부'란 어떠한 것인가요? 책을 잘 읽고 자유롭게 설명해 보세요.

02 《허생전》이 쓰일 당시 우리나라는 청나라를 '오랑캐의 나라' 라 부르며 좋지 않은 감정을 가지고 있었습니다. 그럼에도 허생이 오랑캐에게도 배울 것이 있다고 말한 이유는 무엇일까요? 그리고 여러분은 그러한 허생의 생각을 어떻게 생각하는지 논술해 보세요.

03 허생은 양반 출신이지만 그 시대의 양반들과는 다른 개혁적인 생각을 가지고 있었습니다. 어떤 점이 달랐는지 책을 잘 읽고 서술해 보세요.

04 박지원의 《호질》이라는 소설을 읽어 보았나요? 아니라면 《호질》이
어떤 내용을 담고 있는지 간단하게 조사해 보고, 《허생전》과는 어떻
게 다른지 이야기해 보세요.

05 이 책에서 '아빠'가 건설한 공동체 마을의 특징은 무엇이었나요? 그리고 그러한 마을이 필요하다면 그 이유는 무엇인지 적어 보세요.

통합형 논술
문제풀이

01 쓸모 있는 공부란 우리가 살아가는 데 있어서 기본적으로 필요한 입을 것, 먹을 것, 살 것에 관련된 공부를 말합니다. 우리 스스로 땀 흘려 노력하여 생산력을 더욱 높이는 방법을 알아내고 기구들을 직접 만들 수 있다면 더욱 좋을 것입니다.

예를 들어 인도의 성인 간디가 물레로 직접 옷을 짜서 입으며 사람들에게 자기가 입을 옷은 스스로 짜도록 널리 장려한 것을 들 수 있습니다. 실제로 많은 인도인들이 이러한 간디의 가르침에 따랐고 직접 옷을 만들어 입어 경제적 절약과 보람을 얻을 수 있었다고 이야기합니다.

이처럼 실생활과 맞닿아 있는 공부를 통해서 백성들의 삶이 더욱 넉넉해지고 도덕적으로도 살기 좋은 나라가 된다는 것이 박지원이 강조한 '이용후생' 사상의 핵심이기도 합니다.

02 저는 나라 사이에 중요한 정보를 주고받으려면 감정을 앞세우기보다 우리에게 어떤 면이 도움이 되는지 먼저 생각해 보아야 한다고 생각합니다.

허생은 청나라가 그 당시 우리나라보다 뛰어난 기술과 도구를 가지고 있다는 점을 알고 있었습니다. 발전된 문물을 청나라에서 배워 돌아온 뒤 우리나라에서 쓸모 있게 사용한다면 나라를 발전시키고 이를 통해 병자호란에서 패배한 원수도 갚을 수 있을 것이라고 생각했기 때문에 그러한 말을 한 것입니다.

저는 이러한 허생의 생각에 찬성합니다. '지피지기면 백전백승' 이라는 말이 있습니다. 청나라를 잘 알아야 우리나라의 약한 점과 강한 점을 더욱 뚜렷이 알 수 있는 것이고 이러한 반성과 배움을 통해 더 좋은 나라로 발전할 수 있다고 생각합니다.

03 옛날 양반들은 '사농공상' 이라는 옳지 않은 생각에 사로잡혀 있었습니다. 이는 선비, 농민, 공인, 상인 순으로 직업에 귀천이 있다고 보았고, 그중 선비를 으뜸으로 보는 생각이었습니다. 선비들은 노동하는 삶과는 거리를 둔 채 평생

을 글 읽는 것으로 보내곤 했습니다. 올바른 양반이란 도덕적으로 깨끗하고 청렴해야 하는 것도 중요하지만, 그보다는 모든 사람은 평등하다는 것을 깨닫고 모든 직업을 차별 없이 대하는 마음가짐이 우선되어야 한다고 생각합니다. 다시 말해 백성들과 함께 땀 흘리며 노동하면서 삶의 참다운 의미를 깨달아야 할 것입니다.

이 책에서 허생은 직접 장사를 하기도 하고 섬에 들어가 윤리를 가르치고 농사를 짓는 등 직업에 얽매이지 않는 자유로운 모습을 보여 줍니다. 이러한 모습을 통해 바람직한 선비라면 어떻게 행동해야 하는지 알 수 있습니다.

04 《호질》이라는 제목은 '호랑이가 호통을 친다'는 뜻입니다. 백성을 괴롭히고 자만심에 가득 차 있던 한 고약한 양반이 똥통에 빠져 체면을 잔뜩 구기고 호랑이에게 비웃음을 실컷 당한다는 재미있는 내용입니다.

《허생전》이 돈을 벌지 못하는 무능력한 양반의 모습을 잘 보여 준다면, 《호질》은 그러한 양반이 얼마나 어리석고 잘못된 생각을 지니고 있는지를 잘 드러내고 있다고 생각합니다. 박지원은 이러한 소설들을 통해 시대에 뒤떨어진 그릇된 사고방식을 지닌 양반들을 비판하고 진정으로 나라와 백성을 위해 살아야 한다고 주장하였습니다.

05 '아빠'가 건설한 공동체 마을은 노숙자들을 모집하는 것으로 시작되었습니다. 사회에서 버림받고 일할 기회를 얻지 못한 채 방황하고 있는 이들을 돌보는 것이 급하다고 생각했기 때문입니다.

노숙자들에게 중학생 이상의 자녀가 있어야 한다는 조건을 단 것은 가장으로서의 책임을 되새기게 하기 위해서라고 생각합니다. 그들은 생활에 필요한 물건을 직접 만들고 내다 파는 일을 하게 됩니다. 물론 마을에 노숙자들만 살게 되는 것은 아니고, 도시 사람들 중 희망하는 사람들은 누구나 자유롭게 머물다 갈 수 있습니다. 마을에서 살게 된 노숙자들과, 견학을 하고 간 사람들 모두 유기농 농산물 재배 방법

을 직접 체험하고 익혀 세상에 널리 알리
게 될 것입니다.
이러한 마을이 실제로 존재한다면 많은 사
람들이 박지원이 주장한 이용후생의 정신
을 생생하게 체험할 수 있을 것이고 더불
어 사는 삶의 중요성을 깨달을 수 있을 것
이라 생각합니다.